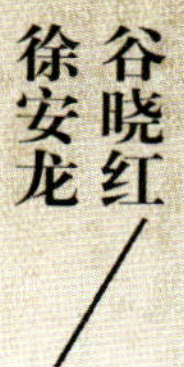
谷晓红 徐安龙/主编

出征

2019—2020

北京中医药大学丹心报国集锦

中国中医药出版社
全国百佳图书出版单位

图书在版编目（CIP）数据

出征：2019—2020北京中医药大学丹心报国集锦/谷晓红，徐安龙主编.—北京：中国中医药出版社，2020.12

ISBN 978-7-5132-6511-9

Ⅰ.①出… Ⅱ.①谷… ②徐… Ⅲ.①北京中医药大学—思想政治教育—教学研究 Ⅳ.①G641

中国版本图书馆CIP数据核字（2020）第218225号

中国中医药出版社出版
北京经济技术开发区科创十三街31号院二区8号楼
邮政编码 100176
传真 010-64405750
河北省武强县画业有限责任公司印刷
各地新华书店经销

开本 880×1230 1/32 印张 5 字数 102千字
2020年12月第1版 2020年12月第1次印刷
书号 ISBN 978-7-5132-6511-9

定价 35.00元
网址 www.cptcm.com

社长热线 010-64405720
购书热线 010-89535836
维权打假 010-64405753

微信服务号 zgzyycbs
微商城网址 https://kdt.im/LIdUGr
官方微博 http://e.weibo.com/cptcm
天猫旗舰店网址 https://zgzyycbs.tmall.com

如有印装质量问题请与本社出版部调换（010-64405510）

>> 本书编委会 >

主　编： 谷晓红　徐安龙

副主编： 靳　琦　王　伟　王耀献　张继旺

编　委： 李　玮　王良滨　侯中伟　范　璐
祝成业　傅　骞　王潇潇　陈延秋
孙进宝　高　鹏　常　凡　赖聪聪
颜　静　徐　兰　郎丰琪　齐　琪
宋姗姗　陈静漪　李琬玢　林　帅

前　言

PREFACE

习近平总书记深刻指出，培养什么人，是教育的首要问题。我们的教育必须把培养社会主义建设者和接班人作为根本任务，培养一代又一代立志为中国特色社会主义奋斗终生的有用人才。

长期以来，北京中医药大学始终围绕立德树人根本任务，持续推进全员育人、全程育人、全方位育人，积极探索构建“深度融合，高效联动”的“大思政”“大德育”工作格局，推进学校党务人员、思政教师、辅导员、名师名家、关工委老同志、知名校友六支队伍深度融合，形成合力，构建起思想政治教育新模式。学校“三全”育人经验得到了社会广泛认可，学校文化育人系列成果，4集思政专题片《春风化雨不负韶华》在北京电视台播出，引起了强烈反响。

2019年和2020年，是两个极不平凡的年度。号角吹，再出发，与祖国同行。学校全体师生，尤其是广大青年学子，在抒发爱国情，树立强国志，勇践报国行的过程中，不断坚定理想信念，树牢远大理想，增强中国特色社会主义道路自信、理论自信、制度自信、文化自信，立志肩负起民族复兴的时代重任。鲜活的社会实践和亲身参与的感悟让爱国主义精神在师生心中牢牢扎根，自觉筑牢了热爱祖国和拥护中国共产党，立志听党话、跟党走，立志扎根人民、甘于奉献的家国情怀。在一堂堂生动的“行走课堂”和“思政综合课堂”中，北中医学子在无形中培育和践行着社会主义核心价值观，踏踏实实修好品德，争做有大爱、大德、大情怀的时代新人。

2019年，喜逢中华人民共和国成立70周年。在这个举国同庆的年度里，“小我融入大我，青春献给祖国”的豪情在北京中医药大学的校园中格外的炽热。这里不但有共同高歌“我和我的祖国”的领唱者，更有代表全国中医药人、全国9000万共产党员走上神州第一街，为祖国母亲庆生的“小白杨”。学校309名党员师生，在100多个挥汗如雨、奋勇争先的日子里唱响了一曲曲动人的“白杨礼赞”，彰显着新时代北中医人的白杨精神。在10月1日的群众游行队伍中，昂扬行进在唯一的共产党员方阵——“从严治党”方阵中的“党员师生”们走出了共产党人的使命担当和北中医人的家国情怀。300多名服务于庆祝中华人民共和国成立大典各项相关事务的北中医志愿者，更是用默默无闻的扎实工作、精准到位的服务保障把北中医学子的爱国之情和奉献精神融入举世瞩目的国之大典之中。

2020年伊始，突如其来的新冠肺炎疫情席卷荆楚大地，迅速向全国蔓延。习近平总书记亲自指挥，一场抗击疫情的人民战争打响了。疫情就是命令，防控就是责任。身处全国各地的北中医人第一时间行动起来，迅速组建中医医疗专家组，第一时间，院士出方、专家建言、天使请战……北中医人的身影再次站立在了抗击疫情的最前沿。2020 年 1 月 27 日，大年初三，由北京中医药大学医护骨干组建的国家中医医疗队出征武汉。前方“战士”一线抗疫，后方专家远程会诊，他们充分发挥中医药特色优势，以大医精诚之心救治危重、关爱病患，用实际行动践行医者的初心和使命。专家团队夜以继日、接续奋战，编写并在线发布《新型冠状病毒肺炎中医诊疗手册》，及时为抗击疫情提供中医方案。校园防控扎实有序，医疗阵地压实责任，取得了全校师生零感染、附属医院零漏诊的骄人成绩。全校师生顺利完成线上教学，师生云端相聚，课堂的教与学别样精彩。授课与临床之余，老师们仍时刻不忘向社会普及抗疫知识，传递战“疫”必胜的信念；线上学习与自我防控之暇，学子们仍不忘志愿服务社会，尽显北中医青年的时代担当。

这个庚子年，因疫情而与众不同，又因人民至上的坚定和众志成城的豪迈而鲜活生动。在校党委的直接部署和精心组织下，不平凡的抗疫生活、壮丽的社会画卷凝结成了思政教育的别样课堂。开学第一天，伴随着嘹亮的国歌声，鲜艳的五星红旗徐徐升起，师生代表共同朗诵《大医精诚》，庄重而别致的线上开学典礼让北中医人的爱国之情更加高涨，求知之心更加深切。校党委书记和校长的“开学第一课”，让学子们更加坚定“四个自信”和中医药自信，更加理解医学生的责任，更加坚定了做一名“勤求博采，厚德济生”杏林人的远大志向。校内多个部门和单位通力协作，以思想引领为目标，以深化教改为追求，以加强交融为要务，以抗疫实践为素材，以专业特色为亮点，以网上课堂为载体，化危为机，因势利导，用事实说话，用真情抒怀，精心打造了《众志成城抗疫情——打赢疫情防控的人民战争》专题网络思政课。驰援武汉、凯旋而归的白衣战士们，刚刚卸下战甲便走上了云端课堂，根据武汉抗疫一线的亲身体验，亲自讲述自己的生动经历与深切感悟，形成了《最美"逆行者"》战"疫"前线事迹宣讲专题网络思政课。讲述中既有医护人员英勇抉择的心路历程，又有他们救护病患的具体事例，更有援鄂人员与武汉人民携手抗疫过程中的深刻感触。通过医疗队员们所思、所为、所感这样的"小窗口"，向同学们展示了全国人民众志成城抗疫情的"大画卷"，蕴含着新时代人们家国情怀和"四个自信"的"硬内核"。刚刚化身为"线上主播"的专业课老师们更是把专业知识与战"疫"现实有机结合，形成了鲜活的思政教育素材，构建起了对同学们进行思想引领的云端课堂。将抗疫生动实践转化为鲜活的思政课堂，既凸显了中医药在防控疫情中的重要作用，又发挥了特殊时期思政课的思想引领和价值导向功能，以此形成适应新要求，具有独创性的思想政治理论课体系，为新时代大学生思想政治教育增添了新的活力。

在这段不平凡的岁月里，有太多激荡热血青春的画面、直击心灵的感动、刻骨铭心的记忆，带给人们无尽的启示和感悟。让我们用纪实的形式保存下那些珍贵的历史片段，在这些片段中去感受我们国家和民族的伟大，去读懂人民至上的铮铮誓言，去体会勇者的坚毅和仁者的大爱，去汲取前行的无穷力量。

走进庆典

刻苦训练

志愿服务

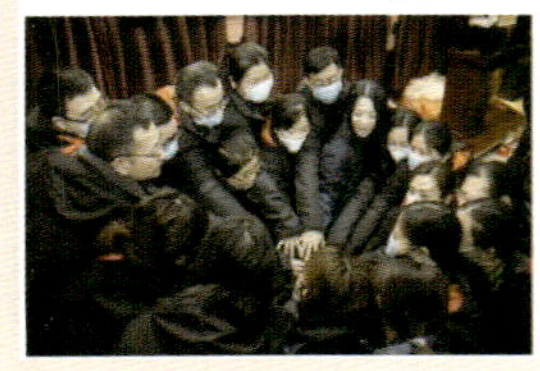

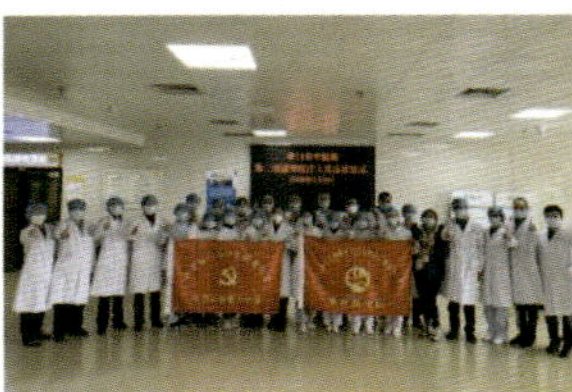

战士出征

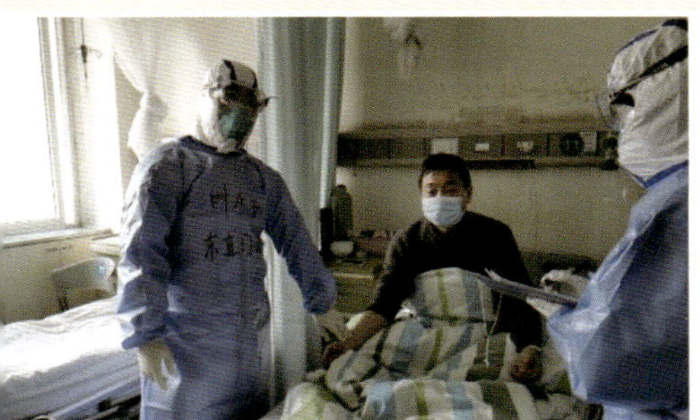
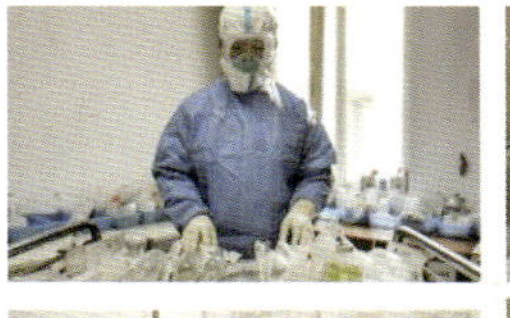
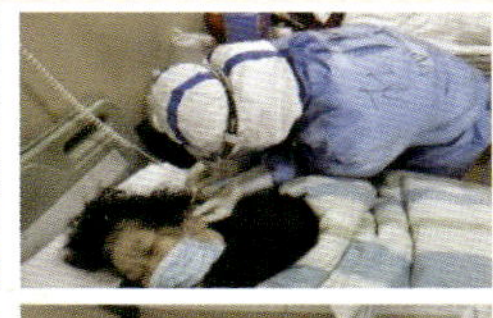
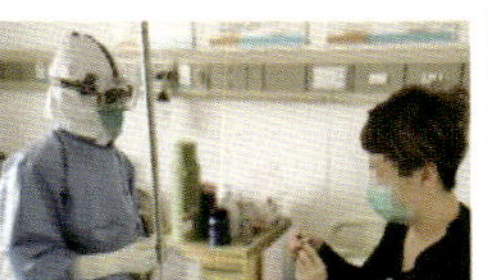
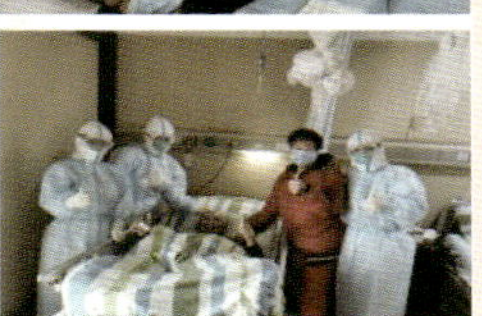
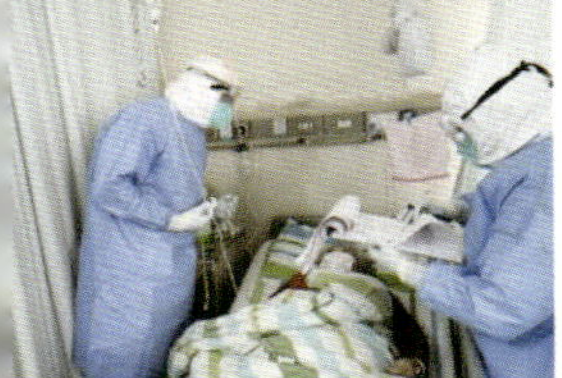
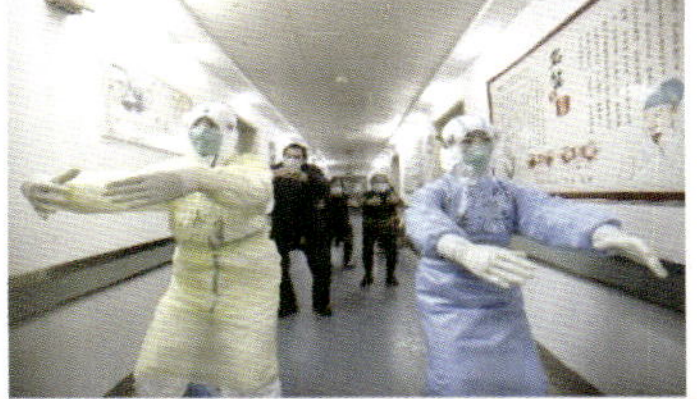
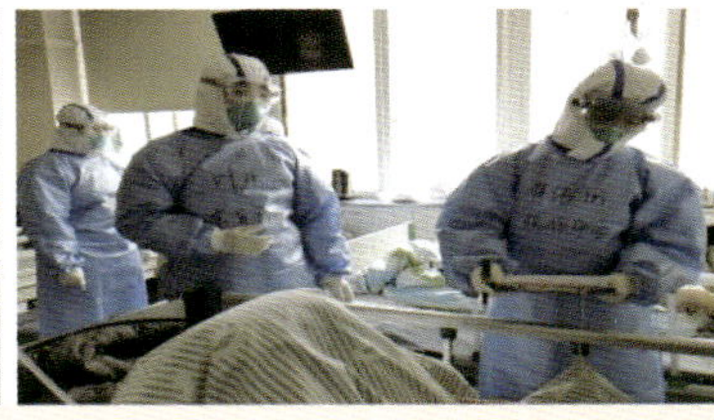

抗疫有方

火线入党

热烈欢迎国家援鄂抗疫医务人员回家

武汉站
WUHAN RAILWAY STATION

药大学东方医院
鄂医疗队凯旋

热烈欢送国家援鄂第二支中医医疗队北京中医医疗队

13
迎凯旋归来!

英雄凯旋

“守护北京”青年突击队

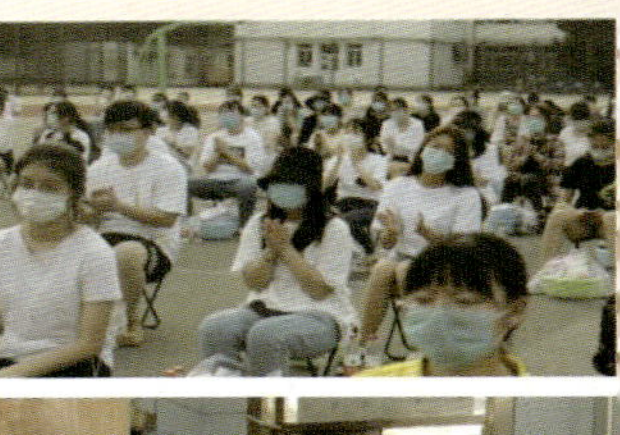

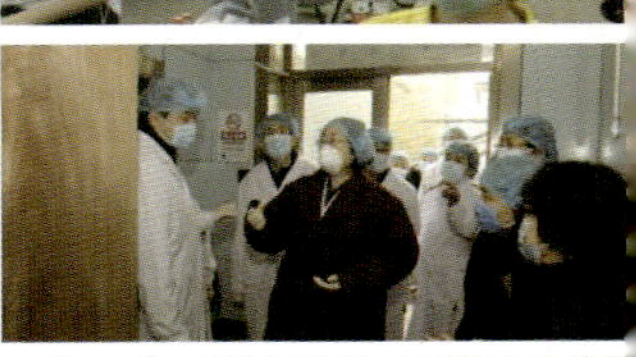

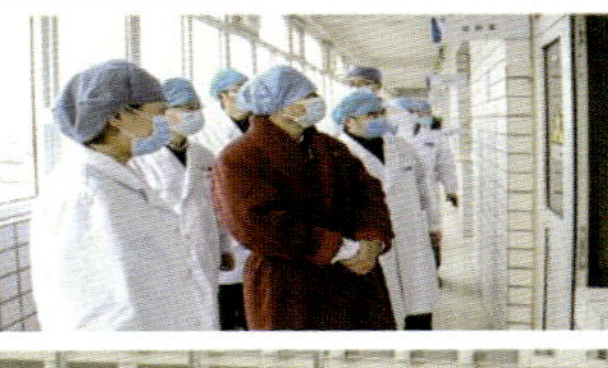

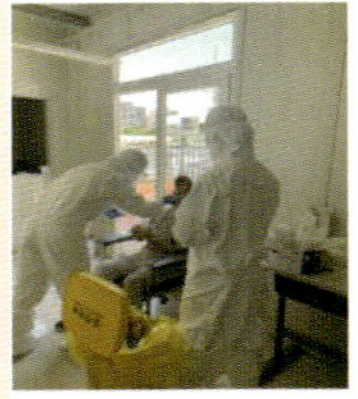

北京战疫

坚守一线

云端思政课

CCTV 13 新闻
北京中医药大学
北京 首都高校迎来第二批学生返校
记者探访北京中医药大学学生返校

学生专用通道

我们回家啦
我们的征途是星辰大海

学子返校

岐黄殿
北京中医药大学
2020年毕业典礼

2020年学位授予仪式

岐黄殿

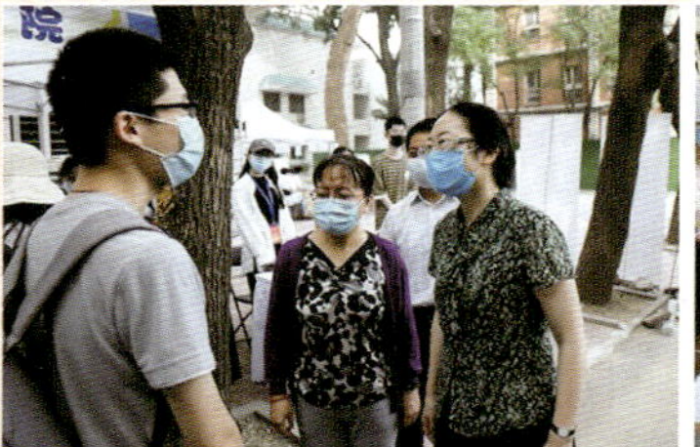

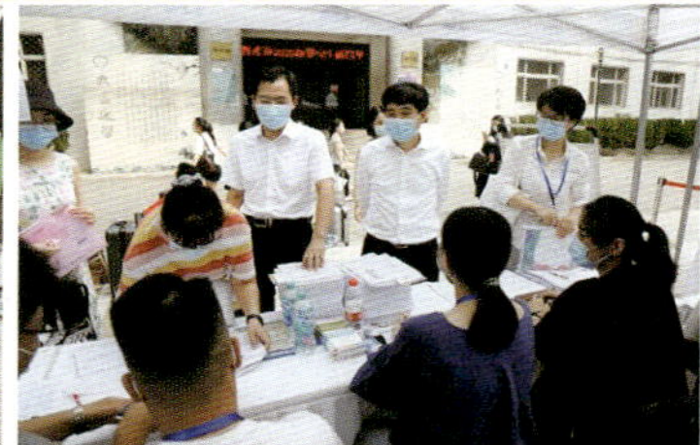

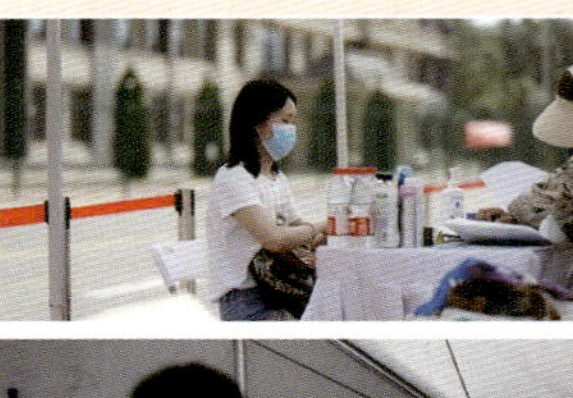

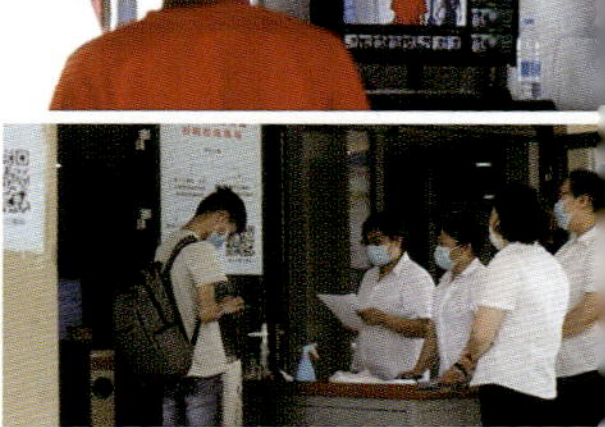

别样典礼

目 录

CONTENTS

第一篇　小我融入大我，青春报效祖国

一、谱写白杨礼赞，走上神州第一街 / 02

（一）繁重训练点滴，彰显党员风采 / 02

（二）多彩文化活动，丰富训练生活 / 07

（三）温暖生活，服务后勤，保障支持 / 10

二、唱响白杨颂歌，志愿青春服务盛典 / 15

（一）群众游行背后的无悔志愿 / 15

（二）成就展岗位上的青春闪耀 / 19

三、弘扬白杨精神，爱国情怀传扬四方 / 20

（一）打造“白杨思政大讲堂” / 20

（二）传播庆祝中华人民共和国成立 70 周年庆典故事的宣讲团 / 28

（三）记录庆祝中华人民共和国成立 70 周年活动记忆的诗词赋 / 33

附：队员感悟节选——以诗歌记录那段隽永的岁月 / 38

第二篇　众志成城抗疫情，大医精诚显担当

一、危急时刻，冲锋在前 / 44

（一）英勇驰援武汉的“战士” / 45

（二）战“疫”前线的先锋 / 49

（三）医患同心的暖阳 / 52

（四）不负韶华的“90后” / 57
二、防控群英，各尽其责 / 60
（一）校园防控万无一失 / 60
（二）专家贡献中医方案 / 61
（三）中医智慧助力全球 / 64
（四）盛夏北京再战病毒 / 66
（五）志愿服务最美青春 / 68
三、中华医药，堪当重任 / 73
（一）直面危重，敢啃硬骨头的国家队 / 73
（二）医护结合，展现国医仁术魅力 / 75
（三）天使回家，医患抗疫情谊永存 / 78
四、综合育人，润物无声 / 80
（一）鲜活的战“疫”事迹传递信念的力量 / 80
（二）抗疫天使变身“云主播” / 83
（三）文脉传承创新思政课堂 / 90
（四）道术故事升华理想使命 / 97

第三篇　提振民族精神，汇合国家力量

一、参与国之大典，谱写时代华章 / 103
（一）信仰力量塑造品格 / 103
（二）庆祝中华人民共和国成立70周年大典升华精神 / 109
（三）爱国情怀代代相传 / 113
二、同心抗击疫情，彰显大国之治 / 123
（一）战胜疫情的制度优势 / 123
（二）防控疫情的人民力量 / 128
（三）生命至上的文化自信 / 135
（四）疗效显著的专业自强 / 139

后记 / 142

第一篇　小我融入大我，青春报效祖国

2019 年，在中华人民共和国成立 70 周年群众游行队伍中，有一支来自北京中医药大学的共产党员师生队伍浩荡地行进在“从严治党”方阵中，他们代表北中医人、代表全国中医药人、代表 9000 万名中国共产党党员，光荣出征，接受祖国和人民的检阅！因保密要求，我校将此项任务命名为“白杨计划”。100 多天的刻苦训练中，参与游行的“小白杨”们经受住了压力与考验，也获得了快乐和成长！良乡机场的草地、石景山训练场的石子路面，以及良乡校区的路面，如今依旧清晰可见训练的辅助线，都记录着队员们辛勤的汗水和深深的足迹。他们以最高标准和最高水平，展示出共产党员的模范形象和北中医人的时代风貌！本篇为大家讲述北中医师生在参加庆祝中华人民共和国成立 70 周年庆典活动中全身心投入训练的故事和悉心付出、奉献自我的志愿服务故事，向大家展示在国之大典中北中医人的担当精神和澎湃的青春激情。

一、谱写白杨礼赞，走上神州第一街

（一）繁重训练点滴，彰显党员风采

未知几多汗挥洒，唯见士气破长空。

师生队员们在训练当中，带着坚定的意志与高昂士气，日复一日地坚守在操练场上。面对骄阳烈日，未言苦累退缩；立于沙场砾石，仍是信步向前。点滴汇聚，成就集体的荣光；队伍的每一次行进，都离不开同志们的辛苦付出。苦与累、汗与泪的交织中，散发着一股神奇的力量，温暖而有力，支撑大家度过了一个又一个想要放弃的瞬间：那是队员们席地而坐，背靠背相互依偎睡着时的温暖；是训练间隙队员们围坐一圈，唱歌时的欢乐；是在漫长无聊的深夜，轮流讲儿时故事的乐观；是在凌晨冰冷的马路上帮睡着的队友盖塑料袋的温情；更是在口渴难耐时分享口袋中已经挤扁的矿泉水瓶中仅剩不多的几口水时的感动……

100 多天的时间里，队员们晒黑了、变瘦了，汗水的背后是“大医”情怀的彰显，更是对祖国母亲深厚的爱戴。这一段光荣的记忆，承载的是以奋斗的青春向祖国母亲的告白。他们不仅结识了风雨兼程的“战友”，更用信念增强了生命的厚度。

1. 教师党员勇挑重担

由我校 309 人组成的训练大队中，有 74 名教师。他们当中既有博学多才的专业课教师，也有与学生关系亲密的辅导员，还有从军营回来的军转干部……训练当中，他们始终以饱满的热情、高昂的斗志，与同学们吃住在一起，放弃暑假休息与高级研修。白天顶着骄阳，认真完成体能、队列和拉练等训练任务；夜晚伴着月光，坚持完成预演排练，充分体现了北中医教师特别能吃苦、特别能战斗、特别能奉献的优良品格。

这其中，担任中队长职务的我校 6 位军转干部们，肩负着队伍训练的职责与重担，这些队伍中的“大白杨”，既严格要求，又温暖贴心，激励着每一名“小白杨”在各自的岗位上更加努力地完成任务。“心有猛虎，细嗅蔷薇”，处处彰显着一名军人的铁汉柔情。有着 14 年军龄的王涛，是一名转业军人，现为我校党委办公室、校长办公室的一名干部。在训练中他“身兼数职”，承担着训练中队长和运送机动车组长等管理工作。但每当问他忙不忙、累不累时，他总会笑着说：“革命军人是块砖，哪里需要哪里搬，一块能顶几块使，千锤百炼不一般”，这朴实的话语充分体现出作为一名复转军人的初心和坚守。

2. 艰苦集训彰显“大医”情怀

“凡大医治病，必当安神定志，无欲无求，先发大慈恻隐之心，誓愿普救含灵之苦。”这是《大医精诚》里的词句，告诫医务工作者不仅要有精湛的医术，更要有高尚的品德。作为医学院校的师生，参训队员们在训练中积极践行“医者仁心”精神，充分发挥所学专业知识与技能，为队友们消暑解乏、缓解病痛。

由于训练正值炎夏，为了防暑降温，具有30多年临床经验的校党委书记谷晓红教授为队员们精心调配了“中药防暑代茶饮”，在炎炎夏日为队员们带来了丝丝清凉。不仅如此，学校还将此代茶饮配方提供给区总队及其他兄弟院校，受到热烈欢迎与高度赞扬。繁重的训练任务让不少队员出现了关节疼痛、胃肠不适等情况，师生们充分发挥专业技能，通过按摩、针灸、拔罐等方法，在休息间隙为队友进行放松与治疗。刚刚结束援疆工作不久的中药学院翟华强教授，经常用幽默风趣的语言与师生们分享援疆趣闻，缓解训练的疲惫。同时，他还积极运用自身所学担当起兼职“队医”，主动帮助有需要的师生队员进行疾病诊治。针灸推拿学院黄怡然老师，利用针灸、推拿、刮痧和拔罐等外治法，积极帮助队员们缓解身体不适。曾参加过庆祝中华人民共和国成立 60 年庆典游行活动的她说，“如果有机会，我下一次还会参加，与祖国共前进，与大家一起用青春和热血谱写祖国中医药事业的美好明天！”

3. 让每颗星星都闪烁

炎热的 8 月，正是训练进入合练的关键时期。平时在操场跑一圈都气喘吁吁的同学，都勇敢地坚持着。训练中个别队员有时存在动作、节奏和表情的不够协调。每当这时，辅导员石森老师就会看在眼里，急在心里。作为小队长的她会主动放弃训练期间的休息，根据队员的问题分别给予针对性指导，为队员们加上一道道特别的“辅导餐”，而自己却因无暇休息，训练时连喝水的时间都没有。

在训练队伍中，有 33 名和石森老师一样的训练小队长。他们在训练中充分发挥各自所长，默默付出多于队员几倍的辛勤与汗水，指导和陪伴着自己的小队队员们一起进步与成长。他们不计得失、敢为人先的骨干力量令人钦佩。他们深知，每名队员就像聚在一起的满天星斗，只有每一颗星星都闪烁，才能汇成璀璨的星河。若干年后，我们可能无法准确记得每位队员的名字，但他们却都有一个共同的、响亮的名字——“小白杨”！

4. 校园标记印刻永恒的光荣记忆

按照训练要求，我们所在的第 33 方阵需要每分钟行进 69.6 米，这就要求队员们准确无误地每分钟行进 116 步，每步 0.6 米。为了达到要求，师生们在训练时进行了诸多设计，比如排头在前进时要注意压住步伐，队尾则需要追赶前排步伐，大家相互配合，整体性明显提高。但是，要做到既跟上整体队伍步伐，又要注意标齐排面，难免会顾此失彼。为了更加精确、更加完美地达到标准，队员们利用黄色胶带、卷尺、剪刀等工具，在训练场上测量出每一步的标准距离，然后用胶带贴出了一条条训练辅助线。酷热的阳光下，他们有的弯着腰丈量距离、画线，有的蹲在训练场地上小心翼翼地把胶带拉直、贴实。一下午的时间，他们汗流浃背，皮肤晒得又红又黑，在近 100 米的训练场地上，粘贴出 3 列、150 条训练辅助线。有了这 60 厘米的标准训练辅助线，队员们跨出的每一步，都是充满希望、臻于完美的一步，为队员规范、高效训练打下了坚实的基础。一条条笔直的训练辅助线，至今仍分外清晰，它印刻着北中医历史上这段永不褪色的光荣记忆！

（二）多彩文化活动，丰富训练生活

高质量、高水准完成任务，是训练的基本要求。这同时也意味着漫长训练过程的相对枯燥、单调与严苛。为了让训练变得更加具有趣味化，我们组织开展了多种多样的活动。这其中既有激发斗志的“三比三看”，也有磨炼意志的“十公里拉练”，还有各中队、小队自发组织的拉歌、讲故事、才艺展示等活动，在为训练增添更多欢乐、更多趣味的同时，也让队员之间收获了更多温情和感动……

1. “十公里的距离”是北中医人的承诺

为了提高队员体能，磨炼意志力，我们特意安排了两次十公里徒步拉练。虽然师生们平时并没有过这样的训练，但是，随着教官指令的下达，队员们便迅速精神抖擞地集结待命，迅速进入紧急状态。浩浩荡荡的拉练队伍踏着整齐有力的步伐，迎着晨曦，喊着响亮的口号，环绕良乡校区徒步行进。两个多小时的路上，300余名队员身着北京中医药大学白色红字队服，整齐行进，宛如一条巨龙，场面壮观。1公里、5公里、10公里……他们头顶炎炎烈日，汗水已浸透白色衣衫，秉承“流血流汗不流泪，掉皮掉肉不掉队”的坚定信念，努力克服徒步拉练中遇到的诸如口渴、腹痛、关节痛及足部水疱等困难，歌声不断，笑声频传，互相加油打气。队员们说：“无论遇到什么情况，都绝不掉队、不拖后腿！”这朴实的话语却体现出参训师生们作为党员的初心与责任，彰显出北中医人的承诺与坚守！

2. 在“三比三看”中激发青春斗志

“三比三看”指的是“比训练、看效果，比纪律、看作风，比风采、看活力”。在方阵合练的间歇，我们以中队为单位多次开展“三比三看”队列比武，掀起了训练生活的一次次高潮。每次比赛开始前，队员们都摩拳擦掌，对胜利势在必得的信心和气势溢于言表，每每让比赛格外令人期待！

每次比赛开始前，各中队长都会耐心细致地嘱咐队员比赛要点，小队长们也会在一旁打气鼓劲，队员们也是相互提醒，让比赛现场的气氛瞬间高涨。伴随着熟悉的“不忘初心”音乐响起，比赛正式开始！队员们迈出的每一步都要绝对精确！这是对训练阶段性成果的检验，是对团队合作能力的考验，也是各中队间的一场荣誉之争！大家都力争做到踩齐乐点、标齐排面、压住步伐、跟上节奏，“方阵块”努力逼近规定的步频步速。60 秒的标准，61.3 秒、57.6 秒、59.5 秒……我们的成绩越来越好！每当队员们激动地听着自己队伍的行进成绩时，既紧张又幸福，这分秒的意义承载着日夜刻苦训练的汗水与付出！欢呼雀跃之后，大家又迅速调整状态，再次以斗志昂扬的状态投入到新一轮的训练任务中。“把每一次比赛当作实战”是北京中医药大学大队对每一名队员的要求。在这种高标准、严要求下，我校成为所在第 33 方阵所有大队中最整齐的排面，并收获了方阵中毫无争议的多个第一和最有分量的两面流动红旗，在庆祝中华人民共和国成立 70 周年群众游行任务中交出了一份最完美的答卷！

晨起日暮的校园训练场上、操场上、道路旁，到处都活跃着“小白杨”青春活泼却又果敢坚定的身影！这无疑成为2019年夏天北中医校园里最靓丽的一道风景线！

（三）温暖生活，服务后勤，保障支持

庆祝中华人民共和国成立70周年活动当天，我校师生参与的“从严治党”方阵光荣走过天安门接受祖国和人民的检阅，北中医人又一次不负重托，圆满完成了国之大典的光荣任务！在这份荣耀的背后，除了309名师生的全心投入，还凝聚了我校全体幕后服务保障工作人员的辛勤汗水。从深夜到黎明，校园里一盏盏灯光见证着他们的辛劳与付出；从盛夏到初秋，一滴滴汗水记录着所有温情与感动。三个多月的时间，他们连续奋战、攻坚克难，全身心投入各项后勤保障工作，默默做“从严治党”方阵的铺路人，彰显了北中医人“功成不必在我、功成必定有我”的坚定信仰，为“白杨计划”的顺利开展贡献了不可或缺的智慧和力量！

1. 专项办公室那盏长明不熄的灯

良乡校区学生活动中心410房间，在2019年的夏天，夜夜都是灯火通明。这是我校为统一部署、保障各项工作有序推进而成立的“白杨计划”专项办公室所在地。

虽然任务繁重，但专项办公室却只有五名成员。他们当中，既有已经52岁的学工部部长李玮老师，也有刚刚毕业走上工作岗位的年轻辅导员。他们都是被临时抽调到专项办公室工作，同时担负着原岗位工作和群众游行保障两项任务，压力之大可想而知。面对排山倒海式的工作重压，他们团结一致，勇于担当，五个人完成了其他院校近二十余人完成的工作任务

量。他们在似火骄阳下，一起画辅助训练线；在饥肠辘辘时，一起坐在办公桌前吃泡面；在困意难耐时，一起把废纸箱铺在办公室地面上席地而睡；在外出合练时，一起在良乡机场的草地上“喂”蚊子；在凌晨的月光下，一起跺着脚、焦急地排队等待上厕所；在不允许工作人员跟训时，一起在大巴车上蜷缩着打盹……几个月的时间里，他们共组织人员照相、政审760人次，体检347人次，统计整理材料5000余份；接收、发放上级下发的合练餐包23次、8000余份，发放训练道具、服装及其他物资10余次、5000余件；往返区政府运送、调换物资20余次；收集、上报影像资料近300G，文件100余份；组织开展各级会议30余场……

专项办公室主任高鹏老师，是所有年轻老师们口中的“鹏哥”，也是所有队员眼中“无所不能”的高主任。“做任何工作要多思考，不能为完成任务而完成任务”“要把工作做在前面，早做准备”“发通知前多思考，让大家少跑几趟，争取一次性把所有事儿都办了”，无论谁有困难、有疑惑时第一个想到求助的人是他；在任何时候出现质疑和不满的声音时，耐心解释、全力补救的“消防员”是他；在情况紧急大家不知所措时，迅速拿出应对策略的人还是他。他和其他年轻老师们认真对待每一项工作，小到通知中的一个标点符号、签到表的每一次排版、物资发放时的每一次摆放……他说：“不忘初心，砥砺前行，认真对待每一次工作，把工作做在前面，做到点上，做到位，才能无愧于心。”

2. “乘风破浪”为队员解决后顾之忧

为保证队员们能够顺利完成各项训练任务，全校各部门通力配合，老师们放弃了假期休息时间，默默地为训练做好各项保障工作，在物资、宣传、保卫、医疗、食宿等方面，全力解决队员们的后顾之忧。

党委宣传部负责组织“白杨思政大讲堂”的徐兰老师，是一位年轻妈妈，因正值暑假期间，她不得不经常带着4岁的女儿来校工作，一边照顾女儿，一边开展工作，可爱的小女孩儿每次坐在报告队伍的最后面，显然也成为“白杨思政大讲堂”中一棵“小小白杨”！三个月里，宣传部精心组织十余场“白杨思政大讲堂”，从观看教育影片到经验交流分享，从思想政治教育讲座到爱国歌曲比赛，对参训队员进行全面深入的思想政治教育。他们每天的运动步数丝毫不少于队员，郎丰琪老师带着几位年轻老师，全程、全方位跟踪拍摄报道，细准捕捉每一个感动瞬间与震撼画面，共上报专项报道近100篇，拍摄照片及影片素材近200G，为这段宝贵的记忆留下了珍贵的影像资料。

庆祝中华人民共和国成立 70 周年群众游行当天，当队员们凌晨行进至地铁 5 号线宋家庄地铁站时，有这样一群人，比队员提前集结近 4 个小时，在地铁站领取、清点道具，他们就是保卫处的张辉老师和年轻的保安战士！由于人员限制和保密需求，参与活动人员少，但道具多，多次演练和大量的道具搬运工作，使他们的双手磨出了厚厚的老茧。这样一干就是几个月。此外，保卫处的老师和保安们，还日夜守护着队员们的生命与训练安全，无论是校内训练、外出拉练、分指合练还是安检道具搬运，到处都活跃着他们的身影。在他们的积极努力与保护下，我校在训练期间没有发生一起安全事故和紧急事件！

日常训练中，意外和伤病时常发生，而负责医疗保障的医护人员坚持 24 小时守候，全程跟训，沉甸甸的药箱是他们的

坚守与职责。发现有队员中暑时，是他们第一个奔跑过去救助；有队员出现身体不适、心理几近崩溃的时候，是他们时刻陪伴，在身体和心理上双重守护……他们是学生队员口中的“小哥哥”“小姐姐”，随时为队员排忧解难，为参训师生的健康保驾护航。

训练伊始，由于多数教师和高年级学生住在和平街校区，而训练又在良乡校区，每日早晚奔波是师生们面临的最大难题。为方便队员训练、统一管理，后勤处紧急腾挪出良乡校区50余间宿舍，并悉心配置床上用品，为队员们圆满解决了这一难题。而每当酷暑难耐，队员们身体消耗极大时，食堂的大师傅们都会为队员及时补充能量，熬制贴心的二豆汤和中医药代茶饮，用心准备一日三餐及宵夜，保证营养全面、搭配合理，使师生们能够吃得饱、吃得好、吃得暖。每当训练结束哨声响起，队员们都会争先恐后地涌入食堂。队员们常常笑着说，一日三餐是他们每天最期待的时刻。

二、唱响白杨颂歌，志愿青春服务盛典

在中华人民共和国成立 70 周年系列庆祝活动中，有一批人总是最早到达、最晚离开，他们就是志愿者。我校共有 351 名白杨计划志愿者分别服务于庆祝中华人民共和国成立 70 周年群众游行保障工作和“伟大历程辉煌成就——庆祝中华人民共和国成立 70 周年大型成就展”。从 6 月志愿者招募选拔工作正式启动，到 11 月圆满完成北展馆的志愿服务工作，150 多天的时间凝结了志愿者们“小我融入大我，青春报效祖国”的奉献精神、服务精神，他们用实际的行动，用无悔的青春，为祖国母亲送出了最真挚的祝福。

（一）群众游行背后的无悔志愿

志愿者的工作处处需要过硬的素质和精神。8 月 26－29

日，我校 351 名志愿者在良乡校区进行了为期四天的志愿者通用培训，培训围绕国情教育、大型活动志愿服务规范、大型活动应急处置、保密工作、志愿者礼仪等内容。除此之外，思政教育、团队建设、素质拓展也贯穿培训始终。通过完整、系统、全面的培训课程，志愿者们在思想政治、理论基础和实践技能等多领域得到了全方位提升，也为后期上岗服务奠定了坚实基础。

三次不分昼夜的游行演练对志愿者们来说是身体和心理的双重考验。2017 级针灸推拿学专业学生陶俊安是这次志愿服务活动的学生负责人之一，他带领 97 名白杨志愿者在北京工人体育场和北京工人体育馆进行彩车组志愿服务工作，主要内容包括为参加各游行彩车的人员搬运餐包等物资、登记人员信息等后勤保障工作，配合彩车工作人员开展其他工作等，岗位日均围绕现场七十余辆大型彩车，服务两千余名彩车工作人员，负责上百箱物资的搬运与签领工作。由于无法使用通联设备，陶俊安作为联络组的组长，每次彩排和演练都要绕着工人体育馆走上十几圈，到每个志愿点去传达通知要求，收集志愿者问题，达到沟通志愿者、及时反馈信息的目的。

彩车的物资经常根据实际的情况进行调整，每一次变更都需要志愿者马上做出反应；分餐的配备也不是简简单单的体力劳动，多次的演练也使得许多志愿者能够脱口而出自己所负责彩车的所有物资数量。做好最周全的准备，确保万无一失，也是每一名志愿者的最高追求。

9 月 30 日上午 10 点，150 名身着蓝白相间志愿者服装的北中医学子在班车处集结，他们即将开始连续近 24 小时的工作，为巡游彩车指挥组提供志愿服务，其中包括 53 名长安街沿线志愿者负责在建国门、复兴门等地引导彩车、人员集结疏散；97 名工人体育馆（场）志愿者负责彩车工作人员签到、发餐、登车记录等服务。他们在深夜的长安街沿线，挺直身板，随时待命；他们在凌晨两点的工体里，披着月光，奔波服务；他们送走夕阳，迎来朝阳，与点点星光一起为祖国送上祝福。

“虽然为了此次志愿活动，已经有几个通宵没有休息，但是我并不觉得这样的工作很辛苦，我总是在想能够有机会参加到这样的活动，为国家贡献一份我自己的力量，是多么幸运又不可多得的一件事，我以身为一名志愿者而感到光荣。”服务在长安街沿线的志愿者是所有岗位中工作时间最长的志愿者之一，没有手机、没有网络、没有书本，也没有其他娱乐物品，要完成连续超过 12 个小时的服务工作，但是他们没有一个人抱怨，每个人都更加清晰地认识并担当起作为强国一代的责任。

校团委副书记祝成业老师既是“白杨计划”副大队长，同时还兼任庆祝中华人民共和国成立 70 周年游行志愿者的总领队。他主要负责训练工作，在全员训练之前，他便带领中队长们参加了方阵骨干的封闭式特训。所以，我们经常看到那个皮肤黝黑的大高个儿，在大家都回宿舍以后，独自一人又回到办公室，继续完成其他任务。他说：“庆祝中华人民共和国成立 60 周年时我就是一名庆祝中华人民共和国成立骨干志愿者，能参与庆祝中华人民共和国成立 70 周年是一种荣幸，更会倍加珍惜。作为一名党员，必须完成好组织交给的每一项任务，作为共青团的干部，更应该为青年师生们做出表率，责无旁贷。”

（二）成就展岗位上的青春闪耀

2019 年 11 月，庆祝中华人民共和国成立 70 周年大型成就展的服务岗位上迎来了新的面孔，来自北京中医药大学的七批共计 200 名志愿者在一个星期的时间里分批次前往展览会场，保证展览馆内的秩序，确保观众的观展体验。他们接任成就展的 15 个不同岗位，恪尽职守站好每一班岗，为祖国的 70 年华诞贡献了自己的一分力量。

在北京展览馆的大厅里，沿着 1949～2019 这条以年份为刻度的“时光隧道”，感受中华人民共和国成立 70 年来波澜壮阔的奋斗历程的同时，还可以看到坚守在不同岗位上的北中医志愿者们，他们精神饱满，为每一位需要帮助的参观者提供服务。志愿者们将每一个出口、每一个饮水点、每一个休息区的位置，场馆的大致布局熟记于心，以微笑迎接着每一位参观者，为他们提供准确有效的帮助，为他们的参观活动保驾护航，给予他们愉快的观展体验。

来自 2016 级卓越中药班的马冰冰，因为工作性质的原因，有机会能够体验各个志愿服务岗位的不同工作内容，连续的服务让她体会到每个志愿者岗位的工作都不复杂，但是每一份工作都算是在“苦中作乐”。在服务岗位长时间的笔挺站立，一

次次弯腰侧耳倾听，一遍遍为参观者答疑解惑，一次次举起放下的背景板，这些不断重复的工作是对于志愿者耐心和体力的考验。但是在服务期间从来没有听到过一声抱怨，在志愿者休息室中，充满了愉悦的志愿经历的分享和展览所带来的感动。在一声声谢谢、一个个微笑和善意的加油打气声中，志愿者们收获了服务所带来的快乐。

351 名志愿者，8731.5 小时的志愿工作，这是岐黄志愿者和祖国发展历程之间最美丽的交集，他们意气风发、朝气蓬勃，成为庆祝中华人民共和国成立 70 周年庆祝活动中的一道亮丽风景线，他们从容自信、勇于担当，用志愿奉献表达岐黄学子的忠贞赤诚。

三、弘扬白杨精神，爱国情怀传扬四方

为进一步激发参训师生“为祖国而战，为母校而战”的光荣使命感，学校在训练期间，紧扣庆祝中华人民共和国成立庆典这个具有特殊意义的重大活动，积极开展以爱国主义为主线的思想政治教育，打造“白杨思政大讲堂”和优秀队员校内外巡回宣讲团，旨在用科学理论武装师生头脑，用参训师生优秀事迹传播爱国主义情怀，以喜闻乐见的育人方式开展思政教育，用真情实意将家国情怀送入师生的心坎。

（一）打造“白杨思政大讲堂”

爱国主义是我们民族精神的核心，是中华民族团结奋斗、自强不息的精神纽带，在中国古代历史中曾涌现出众多著名的爱国者和民族英雄。步入新时代，祖国的发展蒸蒸日上，但是无论走到什么阶段，都不能忘记来时的路。回首过

往，爱国主义激励着千千万万国人奋发向上，为祖国的建设凝心聚力。

1. 用真情实感凝聚人心

对于309名师生来说，参加中华人民共和国成立70周年群众游行不仅是一次庆祝活动，更是一次难得的爱国主义教育活动。为此，学校打造了“白杨思政大讲堂”，邀请校领导、马克思主义学院教师和参加过庆祝中华人民共和国成立60周年群众游行的队员，通过“学起来”“看起来”“讲起来”这些生动鲜活的教育方式，将中国共产党的光辉历程、为中华人民共和国成立而奋勇战斗献身英雄的传奇故事以及讲授者在学习、理解中的亲身经历与体会一一送入师生的心坎，进一步推动习近平新时代中国特色社会主义思想往深里走、往实里走、往心里走。

“白杨思政大讲堂”的第一课是观看《北京中医药大学庆

祝中华人民共和国成立60周年群众游行》纪实视频。2009年，715名北中医师生与共和国同龄人及其他高校师生共同组成“浴血奋斗”方阵，52名同学承担起群众游行方阵中最大的“浴血奋斗”彩车的定位员和推车员工作。校党委书记谷晓红分享道：“2009年，我也和在场的‘小白杨’们一样，参加了庆祝中华人民共和国成立60周年群众游行活动，作为大队长，我和师生一起发扬北中医‘追求卓越，止于至善’的精神，用汗水和行动向祖国生日献上一份厚重的礼物。今年的‘白杨’行动要践行白杨礼赞中坚强、坚韧而百折不挠，勤奋、上进而参天立地的白杨精神。”当看到10年前我校师生迈着矫健有力的步伐，高举艳丽的花环，整齐划一地通过天安门广场时，在场的师生们深受震撼。

校党委常委、宣传部部长张继旺为全体队员做了题为

“我与祖国共奋进——青年人的使命与担当”的专题报告。10年前，他曾作为中队长带领师生光荣地完成庆祝中华人民共和国成立60周年群众游行“浴血奋斗”方阵中的彩车组任务，面对即将参加庆祝中华人民共和国成立70周年游行任务的队员们，他鼓励大家：“回顾建党历史，中国共产党人前赴后继、英勇奋斗，铭刻自己的初心，支撑他们不断前行的，是对历史和人民的使命与担当。青年兴则国家兴，青年强则国家强。广大青年应与祖国同呼吸，共命运，为实现中华民族伟大复兴的中国梦贡献力量。”

训练大队的大队长张小勇老师，在回顾参加庆祝中华人民共和国成立60周年活动训练的点滴时讲道：“从2008年北京奥运会、残奥会志愿者，到2009年加入庆祝中华人民共和国成立60周年群众游行方阵，再到参加庆祝中华人民共和国成立70周年庆典，自己有幸多次近距离与祖国亲密接触，感受

到了祖国的强盛与伟大！虽然经历过烈日暴晒、汗流浃背、无尽等待和卧地而眠……但是，我心中却是无比的幸福。”这些发自肺腑的话语，是北中医人最朴实、最诚挚的情感，感染了现场每一位参加群众游行的队员。

历史是最好的教科书。中华人民共和国成立 70 周年群众游行任务不仅是一次庆祝活动，更是一次政治任务。对于参训队员来说，这项任务不仅是对体力的考验，更是对意志品质的考验。为了激励队员们始终充满奋斗激情，王耀献副校长在“白杨思政大讲堂”中做了“人间正道是沧桑——论中美之争走向和未来”专题讲座，通过讲述中国共产党的奋斗历程，不断强化队员们的政治意识和家国情怀。同时，他深情地鼓励大家：“台上十分钟，台下十年功。大家代表北京中医药大学接受党和国家的检阅，也是经受一次人生的大考。因此，大家要珍惜这次难得的机遇。参加中华人民共和国成立 70 周年群众游行，也是检验每一名党员队员的党性修养，磨炼党员意志的机会。要像革命先辈那样，发扬随时准备为党和人民献身、永不叛党的共产党员神。严守纪律，陶冶心灵，心无旁骛地投入训练，发扬‘亮剑’精神，经受党的考验，向前向前再向前，圆满完成党和国家交托的光荣任务！”

“白杨思政大讲堂”不同于以往单纯的教育活动，通过开展形式多样的活动形式，俨然已将思政课演绎成生动的实践教育活动，无论是在报告厅，还是在训练基地、食堂里，都为师生的训练营造了立体化、全方位、温馨和谐的氛围。食堂里，队员们训练的视频循环播放；训练场休息的瞬间，队员们相互讲述发生在训练中的故事……校园的每个角落无时无刻不彰显着激动人心的氛围。通过教育活动，参训师生对党、对国家、对社会主义制度有了更加深刻的认识。同时，也更加下定决心要把爱国奋斗精神转化为实际行动，以饱满的姿态、昂扬的斗志投入到训练任务中。

2. 用生动实践诠释至诚爱国

结合师生的队列训练，我们还以“唱起来”“走起来”“动起来”“写起来”为活动形式，深入开展教育活动。与信仰对话，“白杨思政大讲堂”组织师生走进北京西山无名英雄纪念广场进行实践活动，校党委书记谷晓红特别邀请革命烈士刘光典之子刘玉平教授为队员们讲授了一堂爱国主义思政课。已年逾古稀的刘教授用大量的史实带领大家重温了20世纪50年代那段寻求国家统一、人民解放事业的历史故事。队员们认真聆听并详细阅读雕刻在石壁上的每一段文字，近距离感悟隐蔽战线英雄的“无名、无畏、无私”精神。前辈们爱国的执着之意、坚守之心，也正是队员们继承和发扬的优良品质。“家国”“忠魂”“信义”“追梦”这些词语不仅印刻在大家的心里，也更体现在随后日常训练的行动上：训练时，大家站立得更加笔直挺拔，口号也更加响亮有力，行进排面也更整齐划一！他们以永不懈怠的精神状态和一往无前的奋斗姿态不断迎接新的挑战，立志将青春奉献祖国！

在训练间隙，“白杨思政大讲堂”还积极组织队员们进行红歌拉歌比赛。良乡活动中心舞台上不断唱响《不忘初心》《我和我的祖国》《歌唱祖国》等爱国歌曲。为了完美呈现每一首歌曲，各中队队员都在认真排练、精心策划。有的中队在歌曲中融入了饱含深情的集体诗朗诵，有的中队融入了激动人心的旗舞表演，还有的中队融入了别出心裁的二重唱和乐器伴奏……“我和我的祖国，一刻也不能分割，无论我走到哪里，都流出一首赞歌……”在这一句句诚挚的歌声中，队员们认真领悟

历史，学习历史，更从中汲取了不断前行、奋勇拼搏的勇气和力量。在振奋人心、昂扬向上的旋律中，训练场景也一幕幕浮现在脑海，很多队员都因感动而热泪盈眶，因激动而声音哽咽。嘹亮的歌声，精彩的演出展现的是新时代北中医人扬帆奋进的面貌，是对祖国母亲的深情告白，更是对美好明天的展望。

（二）传播庆祝中华人民共和国成立 70 周年庆典故事的宣讲团

1. 宣讲感人事迹，深化爱国情感

2019 年 10 月 24 日，教育部召开“首都教育系统服务保障国庆活动总结表彰大会”，对于参与游行的高校师生们提出嘉奖，并部署了庆祝中华人民共和国成立 70 周年活动的全国宣讲工作。我校迅速成立了“北京中医药大学宣讲团”，宣讲团的 14 位成员分别来自方阵中的不同位置、不同角色，其中有学生、辅导员和教授，也有小队长、中队长和大队长。他们不仅是 309 名“白杨”队员的代表，更是万余名北中医人的骄傲。

时间紧，任务重。宣讲团成员们本着“讲故事，讲好故事；畅情怀，畅大情怀”的原则，通过对既往训练过程的回忆、自我情感的梳理，找准定位突出主题。短短的 7 天，他们既要完成演讲稿件撰写、PPT 制作；同时，还要完全脱稿演讲。为了表达最真挚的情感，最深刻的感受，他们一遍遍熟悉自己的宣讲提纲、推敲语句中合适的停顿点、完善幻灯片设计等每一处细节，并将宣讲内容录制成视频或音频反复播放。“那是力争上游的一种树，笔直的干，笔直的枝……一律向上，而且紧紧靠拢”，茅盾先生如是称赞白杨，此时兢兢业业奋笔疾书的“白杨”们，又何尝不是这样呢？

2019 年 11 月 4 日，在“中华人民共和国成立 70 周年庆祝活动北京中医药大学总结表彰大会暨首场宣讲会”上，他们分别从教师、辅导员、后备队员、志愿者等角度进行了题为

“有一种经历，美好永存”“布阵有方，砥砺前行”“奋力走好立德树人的长征路”“用心高喊，以儿女之名”“祖国，我们一同见证了”的演讲，以真挚的情感和积极向上的能量收获了台下的热烈掌声与认可。

《白杨礼赞》中对西北土地上的白杨树这样写道：它朴质，严肃，坚强不屈。西北是一片神奇的沃土，它孕育了笔直向上的白杨，也是我校宣讲团成员们即将前往的地方。2019 年 11 月 6 日在宁夏大学进行宣讲，宁夏大学、北方民族大学等 12 所高校师生代表 1000 余人聆听了宣讲。宣讲团成员讲述的一个个感人故事、一句句肺腑之言，赢得了现场观众的热烈掌声。互动交流环节，师生踊跃发言提问。大家纷纷表示，聆听宣讲报告后深受鼓舞和启发，宣讲团成员用亲身经历生动地讲述了什么是爱国主义精神。作为新时代青年，要向这些优秀的青年看齐，为祖国建设贡献青春力量；11 月 7 日上午，宣讲团为宁夏教育厅、自然资源厅机关党员干部、教育厅直属中小学校领导班子成员、基层党支部书记做宣讲。当天下午，宣讲团来到吴忠市宁夏民族职业技术学院，为500余名师生代表宣讲，并与学院青年骨干代表进行了“初心和使命”主题座谈。宣讲团成员结合自身经历和感受，与青年骨干面对面交流庆祝中华人民共和国成立70周年活动中的付出与收获，用切实感受回答了青年骨干该如何践行使命与担当。精彩生动又饱含深情的宣讲为现场师生上了一堂鲜活的爱国主义教育课，引发了师生们强烈的情感共鸣和经久不息的热烈掌声。

在校内外巡回宣讲中，宣讲团成员以生动的语言、真切的话语再现服务庆祝中华人民共和国成立70周年活动的动人场景，展现了北京中医药大学师生力争上游、追求卓越、敢打必胜的精神，让现场聆听宣讲的师生受到了精神的洗礼，新时代爱国主义得到进一步升华！大家纷纷表示，要学习宣讲人真诚的爱国热情和坚定的报国信念，用青春点燃激情，用奋斗书写华章，不忘初心、牢记使命，将爱国情化为强国志、报国行，做新时代的奋斗者和追梦人。

中国大学生在线、学习强国等在线平台，中国教育电视台、宁夏教育电视台、《北京青年报》、宁夏大学等官方媒体都在第一时间对本次宣讲活动进行了报道或实况录播，在全国范围内唱响了与祖国同频共振的爱国大合唱，演绎了一堂精彩纷呈的爱国主义教育大课。

2. 回顾庆典现场，满怀拳拳爱国之心

“这就是白杨树，西北极普通的一种树，然而绝不是平凡的树……它伟岸，正直，朴质，严肃，也不缺乏温和，更不用提它的坚强不屈与挺拔，它是树中的伟丈夫。”在中华人民共和国成立 70 周年群众游行结束后的很长一段时间里，队员们嘴边心头仍是满满的激情与满怀的爱国热忱。

北京中医药大学信息中心研究实习员高乔老师在完成群众游行任务的那一天，在备忘录里写下了这样几句话“我为自己是一名中国人感到自豪，为自己是一名中共党员感到骄傲，更为自己是一名北中医人感到无上的光荣。我会更加热爱我的党，我的祖国，我的北中医”。作为“从严治党”方阵的一分子，当她走过天安门广场时，爱国之情油然而生，她也更加真切地感受到了“不忘初心，牢记使命”的责任和一名中共党员的责任与担当。

北京中医药大学第二临床医学院副主任医师、硕士研究生导师张凡帆老师和她先生的祖辈中有七位老人是共产党员。在那个年代，作为一名党员所需要付出的，是我们在今天这个时代难以想象的。此次参加群众游行活动，张凡帆也是想替祖辈们完成心愿，走过天安门、走过长安街。在庆典现场，当她看到老革命家坐在彩车上时，她和大家一起挥舞着手中的党旗、彩旗、花束向他们致意并高喊："爷爷奶奶好！谢谢您们！"。老革命家们回以军礼致谢，在场的所有人都哽咽了。祖国从来没有忘记他们，历史从来没有忘记他们。作为青年一代，更要继续尽自己的全力把国家建设得更好，勇立潮头勇攀高峰。

中药学院2017级中药炮制学硕士研究生刘娜在游行返回的路上，心情久久不能平静。从开始参加训练一直到走上神州第一街，一幕幕浮现在眼前。从提交申请到光荣地成为"白杨计划”的一分子，她一直被“小我成就大我，青春献给祖国”几个字感动着。有幸可以参与到中华人民共和国成立70周年这样重大的历史活动中来，这段经历也将一直激励着她，无论未来的日子遇到什么困难，自己都将继续发扬“祖国荣誉高于一切”的爱国精神，守好北中医人的初心，担当起新时代青年的使命，砥砺奋进，建功作为，真正做到“小我融入大我、青春献给祖国”。

（三）记录庆祝中华人民共和国成立70周年记忆的诗词赋

1. 全心服务，奉献温暖人心

本次庆祝中华人民共和国成立70周年庆祝活动，我校有600余名师生党员、团员志愿者直接参与其中，如何带领好、服务好广大师生成为大队骨干们难忘的经历和体验。

“作为九千万党员和三百名北中医代表之一，能亲临长安街上、天安门前，振臂高喊‘祖国母亲，生日快乐’，实为毕生难忘时刻”。宣讲团柴兴云老师在讲述训练的艰苦经历和队友互相扶持、带伤带病坚持训练的感人故事时这样说道。在庆祝中华人民共和国成立70周年庆祝活动群众游行中，他身兼副大队长、研究生导师和方阵一员的多个角色。于他而言，三个月来，不仅收获了轻快的步履，完善的心性，素质的提升，更见证了大好时代赋予远高于个人努力才能拥有的机会！

宣讲团成员李靖华同学作为一名小队长，承担着为队员们服好务，解决好后顾之忧的使命，同时也见证着同志们在群众游行这一光荣任务中的历练与成长。他表示，身为青年学子，更应以时代为己任，以国家为己任，以中华民族的伟大复兴为己任。

“既为良医，亦可良相。而此次群众游行任务圆满完成，正是一次具体的检验和证明”。宣讲团成员程旺老师回想起走过天安门的时刻，仍能感到热血澎湃。他以“布阵有‘方’砥砺前行”为题，从中医文化和哲学的角度入手，勉励在场广大师生、干部要继续坚定信心、砥砺前行。他说，历久弥新的中医药人，正在以青春之心态、奋斗之姿态、饱满之热情，跟进新时代、奋进新时代！

2. 刻苦训练，奋斗力争上游

追求卓越的北中医人在刻苦努力的训练中形成了无私奉献和苦中作乐的“白杨精神”。宣讲团成员、辅导员王硕以自己身边鲜活的事例诠释了自己对“白杨精神”的理解——白杨精神之于北中医，意味着精诚团结，意味着力争上游，意味着时刻严阵以待、整装待发！他说，“我们收获了荣耀，并不是因为我们有什么与众不同，更多的是我们在平凡岗位上的默默坚守”；宣讲团成员郭贺同学则从学生的角度，讲述了“大白杨”“小白杨”们自信坚定、不屈坚韧的庆祝中华人民共和国成立训练记忆。“酷夏送真情，初秋送温暖”，从校内操场再到良乡机场，从道路崎岖的衙门口到深夜的长安街，训练场越走越宽，而大家的心却越来越近，越来越齐。她说，热血沸腾下燃烧着的是北中医人一颗颗浓浓的爱国心，每个人都在用心向祖国表白。

“生逢其时，我们替老一辈革命家们见证了这盛世，我们会不忘来时路，坚守初心，奋勇前进。请你们放心，未来有我们！”面对学习与工作的双重压力，宣讲团成员詹柳艳同学从

自身“不忘初心”出发诠释了“不忘初心”的深刻内涵，身为共产党员的责任与使命支撑着她义无反顾地投入到训练的队伍中来；抱着一个坚定的目标，宣讲团成员赵璐同学也分享了自己从报名选拔、参与训练到最后走上长安街的心路历程。在学校和家长、老师的帮助与指导下，她最终和其他各行各业、此前素未谋面的同志们相聚在这里，一起走上长安街祖庆祝中华人民共和国成立 70 周年。“我们仍有许多未完成的事需要去做，每一位青年学生做好自己，成长自己，最后集我众青年之力，壮我中国之威!”

在无数次的训练与预演中，伤痛与意外在所难免，而坚定的北中医人依旧选择坚持不懈、勇往直前！宣讲团成员张泽钰同学虽然肘关节受伤，但她依然克服重重困难和压力，圆满完成了作为一名后备队员的各项任务，并最终上场接受庆祝中华人民共和国成立 70 周年检阅。她说：“无论处在什么位置上，我们每一个战友都期待着以杏林师生的身份展现出新时代的大医风采，都期待着像亿万中华儿女一样高喊出内心的喜悦与自豪，为祖庆祝 70 岁生日！”

“当我融入了十万中华儿女的欢腾海洋中，当整个长安街响彻《歌唱祖国》，我一边唱一边热泪盈眶，这盛世中华，如你所愿！”宣讲团成员辅导员石森以“奋力走好立德树人的长征路”为题，带领大家翻开了她在群众游行训练中的珍贵“日记”。身边发生的训练点滴和感人瞬间都被她及时记录下来、用心珍藏起来、热情宣讲出来，铸就了每一位北中医人胸前熠熠生辉的“勋章”。

3. 幕后坚守，光荣使命相随

庆祝中华人民共和国成立 70 周年系列活动，一幅幅难忘的画面刻于国人的记忆深处。在这辉煌的背后，是几个月来很多未能站上长安街的幕后英雄们夜以继日的坚守与付出。宣讲团成员辅导员常凡是“白杨计划”专项办公室的常驻工作人员。她以从后勤保障的视角，见证了北中医人 100 多天以来一起甘苦与共、并肩前行，为完成祖国的重托拼尽全力的时光。她说：“让大家彼此相互支撑的，是血液里滚烫的爱国热情和骨子里渗透的党员责任感，以及那些未经彩排、本性使然的点滴瞬间。”

其实，在庆祝中华人民共和国成立 70 周年活动现场，还有一支尚未正式出场、却无处不在的“第三十七方阵”——中华人民共和国成立 70 周年庆祝活动志愿者群体。宣讲团成员常慧和李睿同学就是其中的成员，他们凭借温暖的微笑和专业的服务，成为这次庆祝活动一道亮丽的风景线。“国家大事的背后，总有青年的力量，总有服务国家的骄傲和自豪。我们总能以自己的方式祝愿祖国繁荣富强，祝愿祖国人民幸福安康！”常慧同学在回顾身边坚守信念、坚守彩车、坚守岗位的感人故事后这样感慨道。时至今日，庆典前夕和当日的奋斗时光仍让李睿同学记忆犹新。“我的背后，不仅仅是300余名岐黄志愿者，还有‘白杨计划’全体师生，以及16万名北京志愿者！”在志愿服务中忘却了苦与累，守护彩车全部顺利在天安门前驶过、圆满接受检阅的珍贵经历，都是他和青年志愿者们与祖国共同见证历史的光荣时刻。“作为新时代的中国青年，我们有幸以青年之志服务国家，以志愿之名赴祖国之约，我们都是中华人民共和国成立70周年庆祝活动的‘隐形守护者’！”

正是因为在训练场外有这样一群可爱的人们在为队员们保驾护航，百余天的准备和最后的表现才如此精彩。宣讲团成员张巧慧同学说，“我们从来不是一个人在战斗。我们是一个有根的、团结的、勤劳的民族。我们热爱这片土地，热爱这个国家，并愿意为之奉献终身”。

附：队员感悟节选——以诗歌记录那段隽永的岁月

游行记

燕京北平，幽都蓟城，
紫薇天照，北斗拱辰。
巍峨耸云天，望落日于太行，直观其千里丰碑；
蜿蜒流百里，观荣华于漯水，纵览其百年人文。
居庸北立，沧海左环，
天府之国，哺育苍生！
泱泱华夏，堂堂中国。
斩陈规，破旧矩，断却封建帝王路；
立中国，迎新生，庆贺华诞七十年！
中华绵延五千年，才比子建者，独占天下八斗才；
共和新生七十载，心似润之者，共有一颗爱国心。
周颂风雅，汉歌辞赋。
初唐兴李杜诗篇，
明清传本沾文章。
殷商伯夷采薇以尽忠，
刘汉冠军封狼以报国。
一片丹心文宋瑞，只身许国报汗青。
主义真切夏桂根，以身从戎救华夏。
国之积弱，忠志之士殉己身以报国；
国之富强，有为之人造重器而献礼。
古之黄金台上者，玉龙一柄，提剑斩荆棘以报君意；
今之科研室中人，头脑无数，用心创新高以显彼情。

中国新生，已至古稀，
华诞之日，举国同庆。
东风巡航千百里，巨浪腾空万仞高。
空直护航领航梯，还有歼击舰载机。
开国大典，周总言及飞机少，再飞方能展国威。
今朝盛况，吾等重器样式繁，国威可传百国间。
进三尺微命，一介书生，身无寸功，有幸领命。
踏步于神州长安之街，
起止于东西双单之间。
表万民敬仰之意，
观中华崛起之威。
百日苦训，无一日不艰；
一朝功成，无一刻不欢。
食于野，寝于地，皆俟出征之百日；
诚于心，精于意，仅观声茂于一分。
举袖为云，尽仰人民英雄；
抱诚守真，皆展爱国情怀。
呼声，掌声，庆贺声，声声入我耳；
军车，彩车，导弹车，车车振民心！
天安门前，代万千党员表心意；
纪念碑下，敬天下英雄显本心。
六十秒匆匆，难尽欢呼爱国之兴；
一百米遥遥，却绘幸福美满之行。
噫吁嚱！盛典十年期，亲历者寥寥。
庆幸人生二十年，得逢此盛世；
慨叹国运七十载，方绘此华章。
今朝抒感，幸承恩于师长；

做赋赠文，是所望于群公。
敢竭鄙怀，恭疏短引，
一言均赋，四韵俱成，
请洒潘江，各倾陆海云尔：
祖承中华文明海，生可执笔展其才。
国之鸿途成其名，日渐强盛七十载。
母仪众生四海阔，快马改革经贸开。
亲临神州华诞日，乐教天下笑开怀！

（刘双进）

荣耀青春

七月的阳光是温暖的海洋，每天洒在我们每个人的身上；
朝起暮落，挥洒汗水，为了那共同的理想；
天之骄子，国之栋梁，只争朝夕，同一个地方同一个梦想。
八月的阳光是炎炎的火炉，同样的服装同样的肤色；
汗流浃背是我们的本色，黝黑的皮肤是我们的标签。
九月是金色的，我们即将拥抱她，拥抱即将到来的胜利；
这个胜利是团结的胜利，是一个整体为之努力奋斗的胜利；
短短三个月我们披荆斩棘、披星戴月，
为了这神圣的使命，为了这庄严的承诺。
五星红旗你是我的骄傲，五星红旗我为你自豪；
身为华夏炎黄子孙中的一份子，
我们唱着同一首歌，脚踏同一片土地；
我们热爱这片沃土，
我们的鲜血已经深深融入神州大地的每一处角落。
飘飘红旗，你我皆英姿飒爽；
炎炎烈日，我们都神清气爽；

为了那庄严的承诺，为了那神圣的使命；加油！好样的！

（赵克勤）

乙亥年，月正九，日初三。略浮云，风凉爽，云难遮望眼。庆祝中华人民共和国成立日，举国欢，尤难忘。生有幸，为伍一，勤训练，终在场。

仍可忆，夏九月，烈日下，队伍列，反复行，某长夜，逢蚊袭，不幸中，染病炎，恐停训，感队友，黄恩师，占休时，灸吾伤，努力训，勤见习，终康复，得上场，队友情，拼搏志，站场前，忽感怀。

行场中，氛围浓，爱吾国，感国志。少年时，当拼搏，为吾国，尽全力，未来远，须吾辈，志易立，行时艰。勿忘初，恳而行，吾中华，定益强。

（段炎珊）

庆祝中华人民共和国成立颂

彩车红旗飘五洲，七十庆，呼声起，方阵齐整。铿锵有力向前行，辉煌十月展风姿。抬首处，尽欢颜。

白杨精神暖人心，担使命，守初心，勇立潮头。凝心聚力创一流，奋进书写新篇章。赤子心，壮志酬。

（赖聪聪）

绿茵场上红满天，一二三四响彻间。
排面步速和步率，样样都要记心田。
自幼欢愉又生动，活泼不忘有形联。
上场训练汗透衫，思政志宏泪沾颜。
为国献礼记使命，不忘初心把功练。

使命如歌声声在，承诺践行举足间。

（白明华）

天气时常变，晴雨或多云。
响应要积极，动作刻苦练。
千锤又百炼，精神不可变。
活泼又欢愉，加上露笑脸。
节奏亦不变，心齐是关键。
迈好每一步，练好每一遍。
急不在一时，努力需百天。
心齐加力协，走完长安街。

（杨姮）

她，来了

明亮的月光在荡漾，
柔软的绿柳枝在招手。
天边始现了鱼肚白，
那轻盈的身姿呀！
迎着冷风和期待。
马路的行人和车辆在歌唱，
天上的“70”飞机在起舞呵！
好一曲歌舞和乐章。
愈近愈远的城楼，
紫禁城墙角的红，
为何如此地触动人心？
欢快愉悦的音律，
在耳边，伴着坚定铿锵的步伐。

朝着信仰，朝着希望，朝着未来，
她，来了……

（白雪芳）

望白杨

回望，昨日白杨，沐浴晨光，茁壮成长。
我记一抹斜阳，照你脸庞，现笑颜，众人共朝阳。
念念不忘，朝思暮想，你我训练场景犹现。
那一声声呐喊，依旧余音绕梁，响彻云霄令众人心如狂。
我望眼欲穿，总思量，每一个你散发光芒。
曾以为时光慢，来日方长，你我挥汗如往常。
道时光无常，飞速过往，蓦然回首，猝不及防。
你我并肩共进，战友情长；促膝长谈苦难磨成光，一往无前。

无望，秋草逢霜，饱沧桑，笔直依然。
那个艰苦夏季，已成过往，翘首看，你不在身旁。
念念不忘，必有回响，虽分离，情谊真切。
我已走回岗位，你亦回到课堂，休闲时光仍可共诉衷肠。
筵席终散场，多美好，这记忆，永不褪色。
欢笑汗水共享，记忆犹新，分别后天各一方。
也可会聚一堂，聊过往，说前程。
一夜欢腾，重忆欢笑感动，难忘时光。
仍希望你，可以守住过往，不惧未来。

（颜静　改自歌曲《望》）

第二篇　众志成城抗疫情，大医精诚显担当

2020 年年初，突如其来的新冠肺炎疫情肆虐荆楚大地，并逐渐向全国蔓延。疫情面前，北中医人的担当是那么坚定而神圣。作为医者，我们主动作为，救死扶伤，护佑生命。身处高校，我们竭力守护师生健康和校园安宁，团结一心，全力以赴。本篇向大家讲述在抗击疫情的特殊时期，北中医人的一些故事，这里有驰援武汉医疗队员们亲身讲述，有前后方专家协同配合为抗击疫情忙碌的身影，有线上教学中师生相聚云端的课堂景象，有校园防控中职工们辛勤付出的点点滴滴，有抗疫同时传递正能量、深化思政育人的具体行动。一滴水能折射太阳的光辉，本篇中所记录的一个个故事和片段正是北中医人全员抗疫、贡献北中医人智慧和力量的生动写照。

一、危急时刻，冲锋在前

新冠肺炎疫情暴发后，学校各附属医院医护人员踊跃请战，他们放弃春节假期，集结成了一支迎难而上、坚守岗位的坚强队伍。学校第一临床医院（东直门医院）、第二临床医学院（东方医院）组建国家中医医疗队，第一时间驰援湖北前线，奋力投身疫情防控阻击战。其他附属医院也不断派出精锐医护人员参加所在地区的援鄂医疗队。

（一）英勇驰援武汉的“战士”

1月27日，由我校第一临床医院（东直门医院）和第二临床医学院（东方医院）医护人员组建的第二批国家中医医疗队抵达武汉后立即奔赴定点救治单位——湖北省中西医结合医院。

第二临床医学院（东方医院）CCU护士长王兆嘉回忆起初到武汉的场景，至今难以忘怀。大年初三，作为国家中医医疗队的第二批支援力量，医疗队迅速集结。天还没亮，就迎着晨曦，向武汉飞去。早在刚刚知道这次疫情需要援助的时候，王兆嘉就已经和家人商量好了。2003年“非典”的时期，她是被保护的那一群人中的一个，如果这次有机会参加疫情的“战斗”，作为一名共产党员，自己一定要去武汉。所以，当医院开始筹备医疗队支援武汉时，王兆嘉第一时间报了名。

医疗队组建前，第二临床医学院（东方医院）副主任医师华海琴的女儿曾经问他：“爸爸，如果需要你去，你去吗?”他跟孩子说，“我会去的，因为我是一名医生，同时也是一名退役的老兵，我义不容辞。”华海琴的爱人也是医生，事先并不知道他报名驰援武汉，但是依然全力支持。他的女儿听说爸爸要去武汉，既紧张又骄傲，向同学们讲述着爸爸要去武汉的消息。

第一临床医学院（东直门医院）感染科的赫伟丽医师，上有高龄父母，下有两个幼子。得知妈妈报名去武汉，大儿子很紧张，关心地问：“妈妈你会不会感染，能不能不去?”赫伟丽说，这是妈妈的工作和责任，就像战士保家卫国一样，明知可能有牺牲也得上，你想想如果是妈妈病了你是不是也会去照顾妈妈。儿子听懂了，骄傲地说：“嗯，我肯定会照顾妈妈的。妈妈，我是不是可以和我的朋友说你去支援武汉了?”

第二临床医学院（东方医院）ICU 主任王彤后来讲道，刚开始面对新的疾病，大家对它认知很少，而且觉得这个疾病离普通人还很遥远。在东方医院，包括王彤在内的所有共产党员主动请战，积极加入这场抗击新冠肺炎的战役当中。大年三十，王彤接到医院的电话，说即将组建医疗队去武汉支援。他觉得自己是最合适人选，第一时间报了名。初二中午，他接到医院通知，第二天赶赴武汉，支援湖北省中西医结合医院。接到自己获批加入援鄂医疗队的通知，王彤感到无比振奋，立即准备出发。作为一名共产党员，一个有 30 年医龄的医生，他没有任何犹豫，觉得这就是自己的职责所在。从接到通知到抵达湖北省中西医结合医院，整个过程不到 24 小时。

在出发去武汉的路上，作为医院的领队，王彤给队员写了这样一段话，“首先感谢大家无畏而来，我们目前面临的是灾难医学，一定要有贯穿始终的防疫，这才是赢得这场战役的基础。二是希望大家能坚守岗位，恪尽职守，在自己岗位上充分发挥作用。三是如果遇到无助和沮丧，希望大家能够彼此鼓励，彼此给对方心理疏导，保持良好的体力，不管从精神上还是身体上都要一起努力。17 年前的‘非典’我们赢了，这次大家一定也会平安归来”。

援鄂医疗队员、护士朱春艳的家乡就在湖北。疫情暴发后，一年没回家的她默默退掉了抢了 1 个多月的火车票，在医院随时等待召唤。除夕下午，在收到医院护理部发布的前往武汉抗击疫情的号召令后，朱春艳毫不犹豫地报了名。她说，“我有 8 年的外科临床护理工作经验，而且有较好的临床应急事件处理能力，并且这次去的是湖北武汉，一个生我养我的地方，我怎么能犹豫呢。”

到现在她还记得在出发前一天晚上，她对朋友说，这次去武汉于公于私选自己都是合适的。于公，自己是有工作经验的护理人员，而且年轻，抵抗力好。于私，这是自己的家乡生病了，回家乡支援，义不容辞。但是她唯一担心的是自己的爸爸妈妈，害怕会担心，所以没有告诉他们。但是她知道，作为老党员的爸爸妈妈，肯定会支持自己的选择。

许多朋友问朱春艳害不害怕？她说，“我害怕，但是当我们换上白大衣，穿上防护服，进入隔离病房的那一刻，医护人员的责任感和使命感，就瞬间冲淡了我所有的恐惧。”

她和队伍里另外一位来自湖北的队员，在武汉封城的状态下承担起购买前期生活物资的任务。武汉冬天的气候比较潮湿，但队友大部分都是北方人，并不适应这种气候。于是她在休息时间，会为队友们熬制红糖姜茶水来冲淡一天的寒冷和潮湿，并得到了“姜茶小妹”的称号。

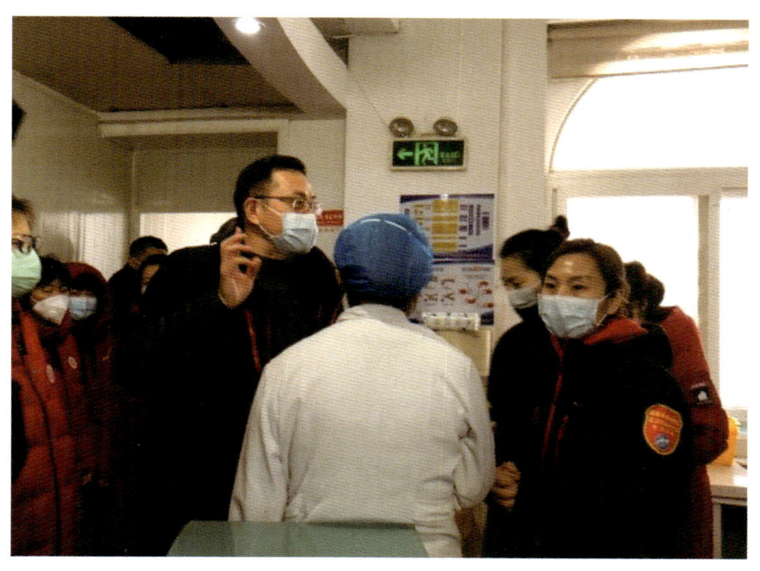

由于医疗队接管的病区原来并非传染病专门病区，防控条件比较简陋，即将要接治患者的隔离病房还不符合传染病病区“两区三通道”的要求。队员们亲自动手改造病区，使病区基本上能符合传染病病房的需要。在改造病房的过程中，队员们对新冠病毒有了更加全面的了解，疫情形势越来越严峻，队员们承受的心理压力非常大。大家彼此鼓舞，给对方勇气，彼此照顾、给对方增加安全感。队员们细致认真地做好防护，因为大家都知道，把自己防护好，就是对队友最好的保护，整个医疗队是一个大家庭，一个人都不能少。大家就这样迅速做好了进驻病区的准备，也把自己的精神状态调整到最佳。

他们中有青春盛放、花季年华的年轻人，有在家既是顶梁柱、在外亦为一片天的中年骨干；他们中有经过层层筛选后脱颖而出的男护师，也有一马当先、不让须眉的“铁娘子”；他

们中有刚刚毕业、踌躇满志的“新手”，也有经历过汶川、玉树地震救援和抗击“非典”的“老兵”。在这场史无前例的战役里，疫区就是战场，疫情就是命令，医护人员就是白衣战士。面对这场特殊的抗疫战争，他们毅然放弃与家人团聚的假期，背上行囊，誓师出征，勇敢逆行。

（二）战“疫”前线的先锋

医疗队到达武汉当天即成立了驰援武汉战地党支部，医疗队中每名党员带领一名群众展开工作，党员冲在最前面。

为了更好地发挥党员的先锋模范作用，党员同志们以身作则，在做好本职工作的同时，积极帮扶非党员同志，让他们体会到党组织的关怀和温暖。面对脏、累、苦、险的活，党员们总是首先行动，走在前边，身体力行去影响队伍当中的所有人。第一天病房开诊的时候，党员同志自告奋勇，首批进入病区。很多同志第一天在隔离病房工作的时间就超过了 10 个小时。

身在异乡，承担疫情阻击的重任，党组织就是思想的堡垒，就是队员们的心灵家园。为了让后方的家人放心，临时党支部会实时与学校和医院党委保持联系，报告医疗队在前线的情况。医院党委会给每位队员的家人打电话报平安，转告他们在武汉的生活工作情况，也嘱咐亲属们注重自身安全，让队员们可以在前线安心救治患者。学校党委给队员们发去慰问信，给家属送去需要的生活必需品。这种良好的互动和贴心的问候，使队员和家属心里都非常温暖。大家也逐渐消除了对重症病情的恐惧和繁重工作带来的焦躁心理，以更加协调、默契、高效的状态投入到一线的防疫工作中。

看到党员同志们在这样的特殊时期勇做表率，医疗队的非党员同志纷纷向党组织递交了入党申请书，表达了努力抗击疫情、用实际行动争取早日加入党组织的坚定决心。经过党组织的严格考验，有6名护士在前线光荣入党，更加充实了战地临时党支部的力量。

火线入党的医疗队员陈默岩后来回忆说："刚到武汉的时候心里还是挺忐忑的，毕竟当时对新冠病毒了解得并不太多，还真是有点儿小紧张。抵达武汉当天晚上，医疗队就召开了会议，成立了战地临时党支部，党员和非党员一对一结成了帮扶对子，党员李秀丽同志和我是'一对儿'，由她带我，我心里一下就踏实了，感觉有了主心骨儿。隔离病房投入使用后，党员们也率先进入隔离病房。王彤主任是大家的队长，更像以身作则的家长，一方面自己冲在前面救治患者，一方面又照顾着我们这些年轻人。”

“在这些优秀的党员同志身上，让我真正看到了什么是共产党员的标准。CCU 的护士长共产党员王兆嘉是我们的带队护士长，在进入隔离病房前对我们反复进行培训和叮咛，从隔离服的穿脱到工作流程的制定，反复与大家沟通，不断优化工作细节。我们每一次穿、脱防护服的操作过程她都严把安全关，她总说，我把你们带出来，就得带着你们打胜仗，更得把你们完整地带回去。确定首批进入隔离病房的人员时，綦文婧和王淑霞两位同志申请第一批进入隔离病房。她们说，我们都是共产党员，遇上这样的情况就得我们先上，我们给大家‘试试水’，而且我们 2003 年时候就参加‘非典’疫情防控，只有让我们第一批进隔离病房，我们心里才踏实。不让我们去，我们在外面也不放心。”

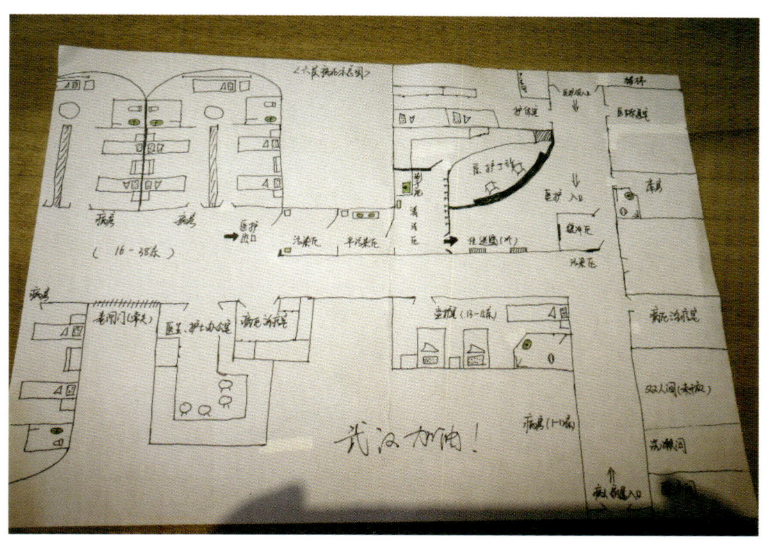

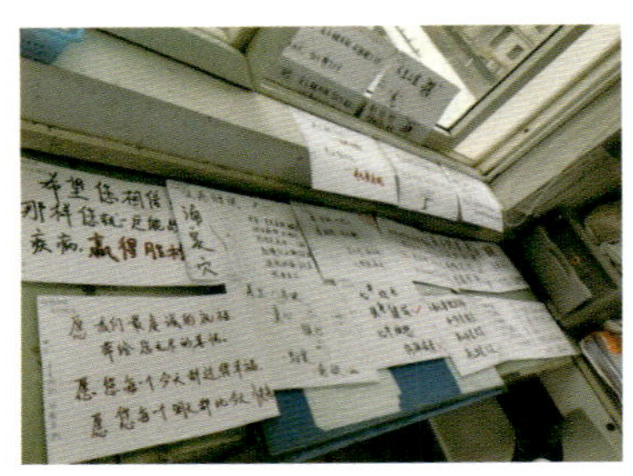

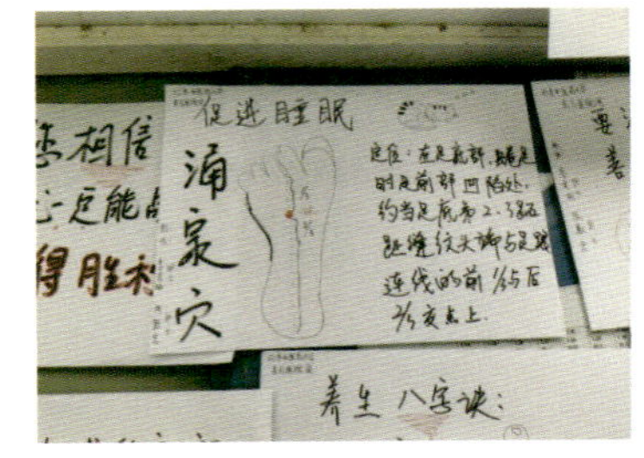

看到身边的党员同志们这样拼着命往前冲，陈默岩很感动很敬佩，自己也想早日加入党组织，像他们一样发挥更大的作用。跟她结对子的党员李秀丽每日晨起朗诵“学习强国”平台推送的新闻时事，在李秀丽的启发下，陈默岩多次向党组织递交思想汇报，汇报在抗疫期间的思想状况。

陈默岩说，心里有党组织，身边有党员同志，在工作中也就没有什么紧张情绪了，就想着尽自己最大努力把工作做好，想办法多做点儿贡献。我平时喜欢画画，就手绘了一版隔离病房的地图，给大家看，以便各位队员能够迅速熟悉工作场地，快速精准地投入到救治工作中去。

（三）医患同心的暖阳

援鄂医疗队在前线坚持发挥中医药特色和优势，中西医结合救治患者。既解除了患者的病痛，又让患者充分感受到了中医药的确切疗效，展现了祖国中医学的独特魅力，用实际行动书写了“大医精诚”和“大爱无疆”。

医疗队里收治了一位70多岁的患者，亲人不能陪在身边的落寞以及病情导致呼吸困难引起的不适，使得老人的情绪一直很不稳定，拒绝交流，拒绝进食。在查房时，医疗队员第一时间发现了老人的情况，每隔十多分钟，就有医疗队员上前查看、问候、陪他聊天。老人听不懂就慢慢地多说几遍，老人听不见就大声地再说几次。憋闷的防护服、模糊的护目镜，能隔离病毒，却不能隔离爱与温暖。医疗队队员、医师梁腾霄坚持为老人鼓励打气，患者的情绪终于逐渐平复，积极配合治疗护理。由于患者手脚不利索，加上几天没有正常吃饭，说话都没有力气。梁腾霄看在眼里，疼在心里，他端起床头的饭，小心翼翼地喂给老人家。“这是我生病以来吃过的最好吃的一顿饭！”老人眼含泪水，哽咽着吃完了那碗饭。

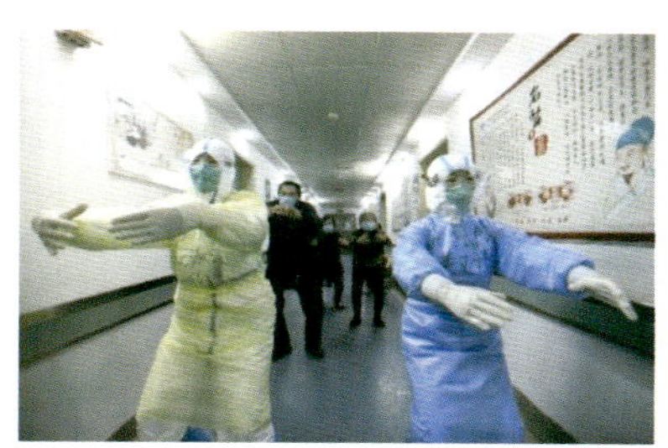

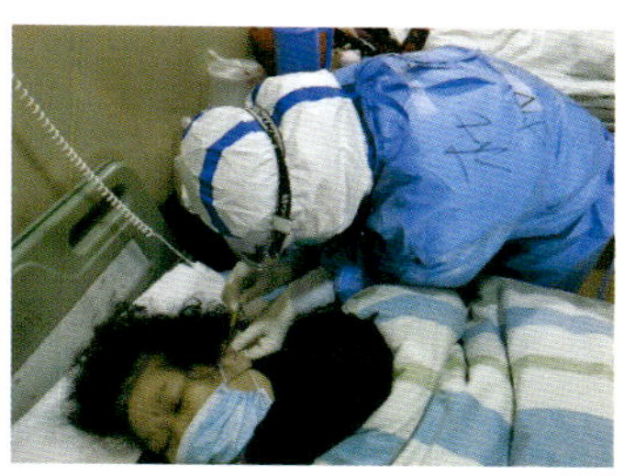

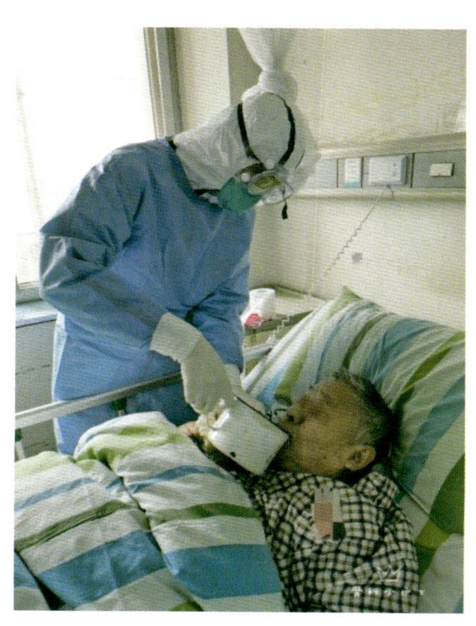

由于这次疫情聚集发病，患者中有些是一家人集中感染，但因为病情不同被安排到不同的医院；还有些患者的父母刚刚去世，自己也染病住院；还有的患者是失独老人。这些患者的情绪常会有焦虑、烦躁不安、易怒的情况，因此护士们在完成日常治疗后，如有闲暇时间都会进到病房和患者聊天，缓解他们的情绪。由于隔离病房中带的是N95口罩，呼吸都不顺畅，护士一间一间病房聊下来是很繁重的“体力活儿”。除了护理工作外，护士们在病房里还承担了照顾患者生活的任务，例如给患者打水、分发食物、处理生活垃圾等。很多患者的家属无法为他们送生活用品，护士们就会自己买牛奶、熬粥给患者，将生活用品带到病房送给患者。

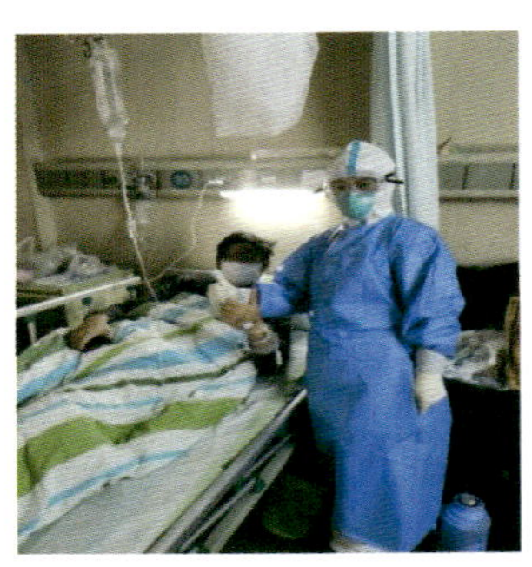

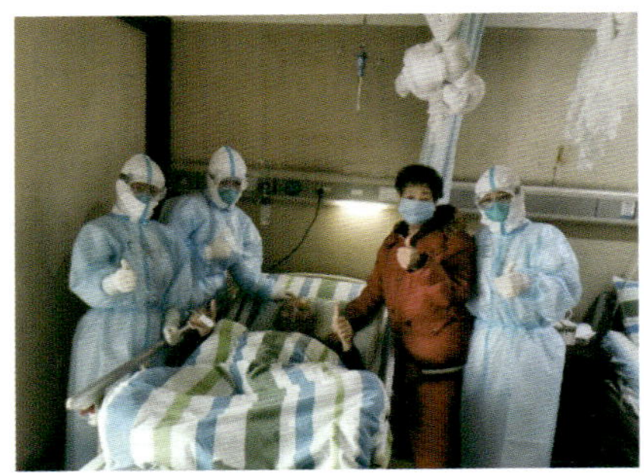

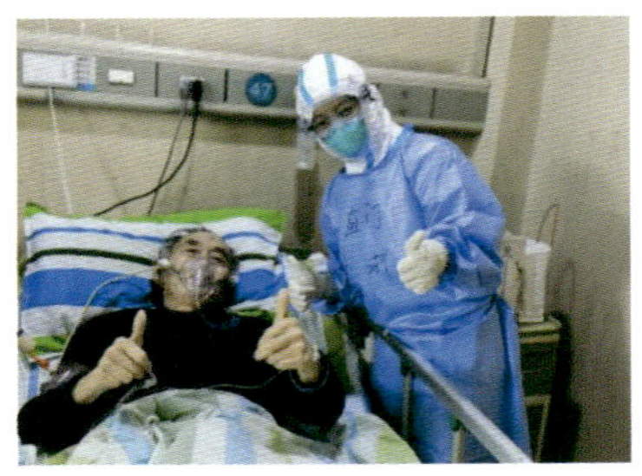

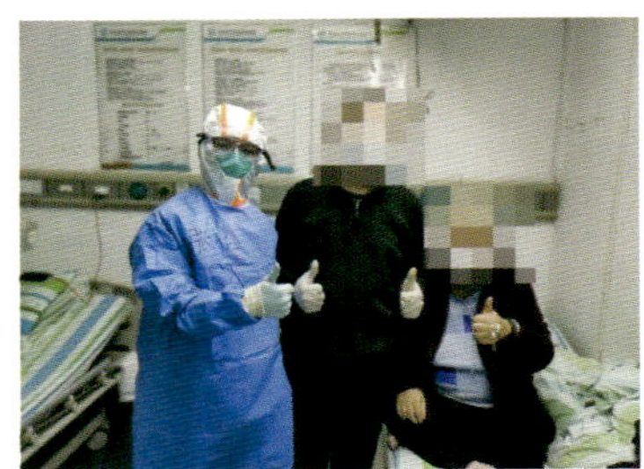

护士张春花清楚记得有一位男性患者，在确诊后很焦虑、急躁。有一天他来诉说自己的需求，因为普通话中夹杂着武汉方言，医生和护士连比画带猜，才能弄明白他的意思。原来，他看到同病房的其他患者服用中药的效果，想尽快用上中药，尽早康复出院。而他着急出院的原因，是想在出院以后能够重返社区做志愿者，帮助那些更需要帮助的人。听明白了患者的话后，张春花不禁眼含热泪，但在隔离病房里不能掉眼泪，因为怕加重护目镜里面的雾气影响工作。后来这个患者还在病房里做起了翻译的工作，为医生与其他病友沟通架起了桥梁。当得知医疗队员放弃与亲人团聚的机会，克服了种种困难从北京来到武汉帮助他们时，他说："看到你们穿着厚厚的防护服，从护目镜里流下的水滴，听着你们一句句鼓励的话，我代表病友们，谢谢你们了。"这个患者出院的时候紧紧地拉着医护人员的手，并深深地鞠躬表示自己的感谢。出院后，他立即去做

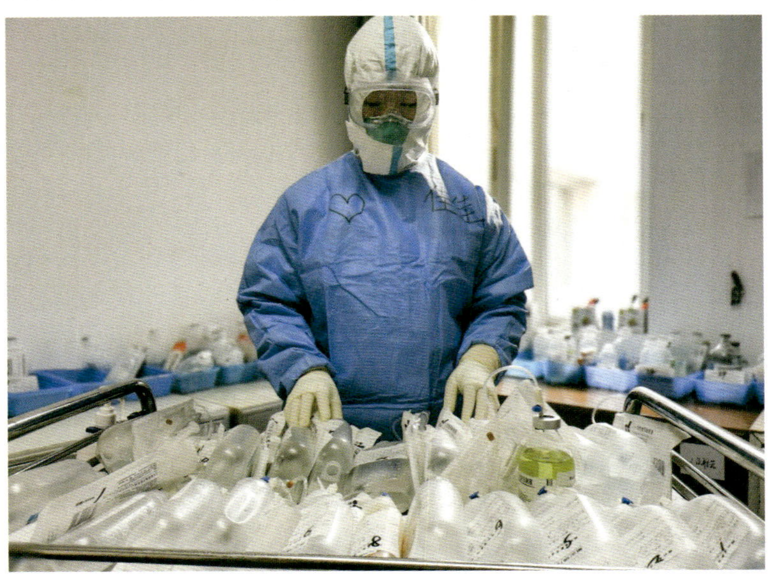

了志愿者，主动献血，提供带有抗体的血清供临床分析，以帮助救治其他的患者。

护士綦文婧后来描述说：“每天为患者测量生命体征，一圈下来就要 2 个小时；除了做好护理，我们还兼顾家属、护工、保洁员的各种工作。尤其是重症患者，为了避免压疮的发生，我们每 2 小时就要给患者翻身拍背一次。同时要对患者进行心理疏导，帮助他们建立战胜疾病的信心。”

在重重“铠甲”下很多诊疗方式都会受到影响。孟捷医师讲到，感到最困难的是护目镜起水汽后视线非常模糊，他就频繁地努力眨眼睛使自己的视线变清晰。为了想办法查看每一位患者的舌象，他每次看诊后都要用手机拍下照片以便更仔细地查看。

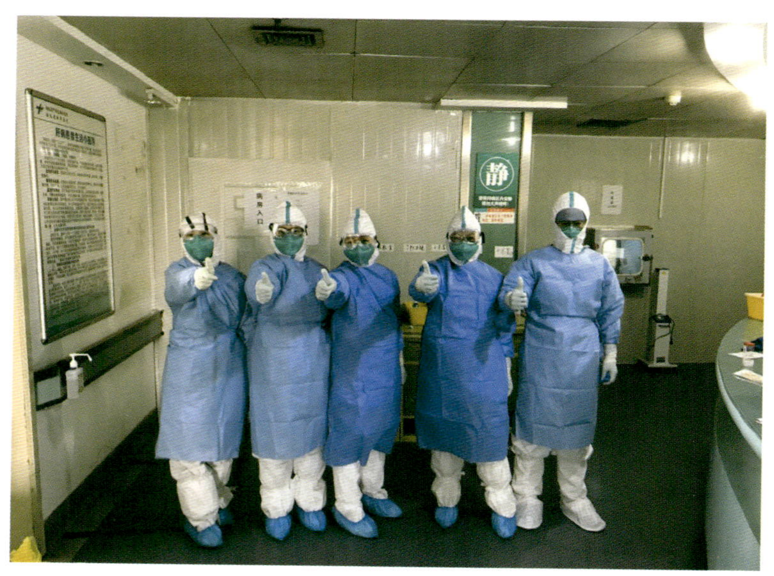

为了避免交叉感染，病区内不能开空调，还要定时开窗通

风，夜班的医护人员忍受着寒冷与困倦，累了就找个墙角靠上一会儿；实在困了，就坐在椅子上闭会儿眼……看着患者痊愈出院，医护人员们无比兴奋与激动，感到所有的辛苦、所有的付出都是值得的。

在病房外，医疗队员们每天都被温暖包围着。在上班的路上，偶遇的路人都会主动停下来，对他们说“你们来了，老百姓就觉得踏实，放心了，感谢你们”。在路过居民区的时候，市民们在阳台毫无保留地大声喊出“谢谢你们”。路过的私家车看到医疗队会摇下窗户伸出大拇指。有的志愿者用自己的车辆接送医疗队员上下班。武汉当地的志愿者一直驻扎在医疗队住的酒店门口，为医疗队采购生活物资，做好后勤保障。医疗队驻地附近的一家饭店还主动送来当地特色的饭菜，并坚持不收费。随饭菜送来的纸条上写着：“吃什么，随时说，随时送上门，不收钱。”这让大家都很感动，医疗队员们感觉到亲人就在身边，大家的心里都感到很温暖。

（四）不负韶华的“90后”

习近平总书记对“90后”的援鄂医疗队队员说，青年一代有理想、有担当、有本领，国家就有前途，民族就有希望。而对奋战在前线的医疗队员来说，此时的隔离病房，就是绽放青春最好的地方。

2月20日的凌晨，援鄂医疗队队员杨玉婷正在湖北中西医结合医院隔离病房内为患者输液，巡视病房。而这天，恰好是她29岁生日。这是一次没有鲜花、蛋糕和礼物，也没有亲人陪伴的生日。有的只是与她一同战斗的队友和她不分昼夜救治的患者。在这特别的一天，奋战在疫情防控第一线的杨玉婷，用最美的逆行，点燃了她29岁生日的蜡烛。

出生于1991年的护士胡宇佳年纪虽轻，却能够时刻温暖别人；话虽不多，却句句坚定有力。胡宇佳与其他护士姐妹一样工作在隔离病房，需要不间断地穿梭在隔离区，完成患者输液、采血等工作。同时还要做好患者的生活护理，打开水、温中药、送三餐、收垃圾等。一个班下来，一刻也不得休息，连喝水也顾不上。防护服、隔离衣、双层无菌手套、护目镜，多层防护给护理操作增加了很大的难度，也对护士的技术能力提出了更高的要求。

每次交班后，看着镜子中满脸的勒痕和被手套长时间浸泡出的十指皱纹，她都觉得这些付出是值得的。“当我看到护理过的患者身体一天比一天好，开心不言而喻，更是盼着患者能痊愈出院。陪伴是最长情的告白，我们永远在你们身边守候!”

队员张征也是“90后”护士，在医疗队中，她负责消毒隔离工作，要将泡在消毒液里的护目镜，用清水冲洗、酒精擦拭，再晾干备用，并按照比例配制好新的消毒液。对于每一个步骤她都精细操作，因为她深知这是在为战友们的健康平安保驾护航。几个小时的工作结束后，小伙伴们一个个走出隔离区后，张征要用消毒液进行房间的最后消毒。衣服被汗水浸透了，鼻子磨破了，脸勒红了，但是她相信，抗击疫情的战斗一定能够胜利。

为了给患者加油打气，医疗队中的“90后”护士们还制作了生动的健康教育小手册；在病房里建立了心愿墙，把患者的心愿写成便签贴到心愿墙上，以此对他们进行鼓励。情人节的时候，护士们亲手制作了千纸鹤，写上祝福语，送到每一位患者的手里。

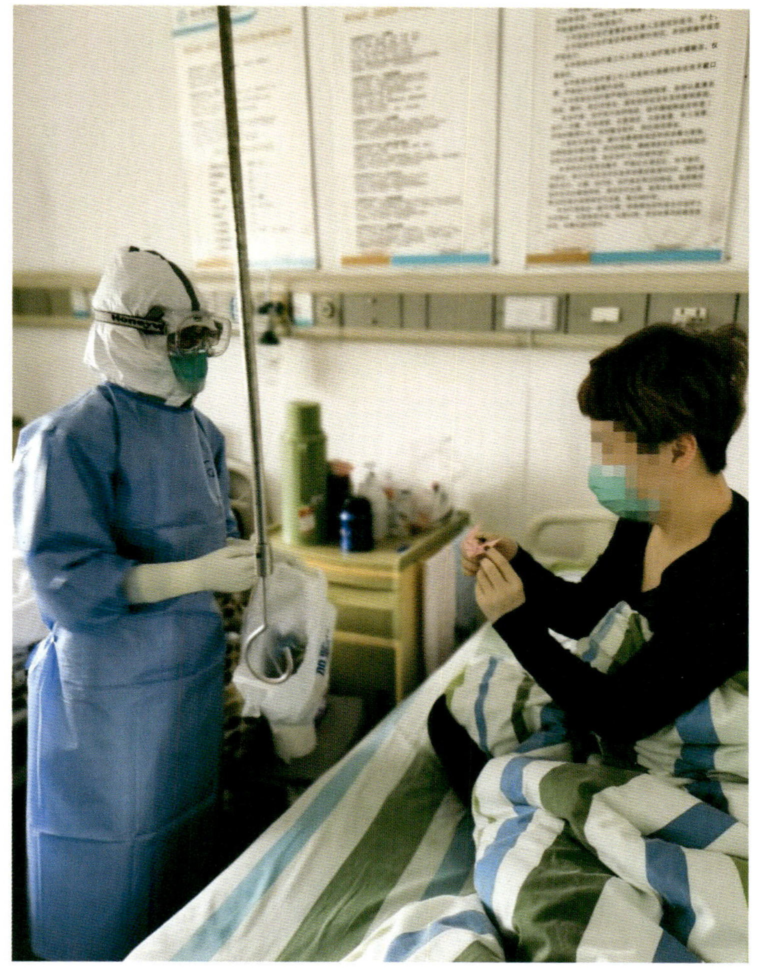

这些年轻的医护人员，从被人保护的角色一下子转换到了去守护别人、照顾别人的角色，这就是对绽放青春最好的诠释。他们用行动诠释了使命与担当。

二、防控群英，各尽其责

抗击新冠疫情的战斗打响以来，北中医人以自己的使命与担当积极为战“疫”贡献着智慧和力量。无论是驰援前线还是守护后方，无论是防控校园还是服务社会，北中医人将责任扛在肩上，用自己的实际行动保卫校园安宁，守护人民健康。

（一）校园防控万无一失

面对突如其来的新冠疫情，学校党委坚决贯彻习近平总书记系列重要指示和党中央决策部署，在市教育两委和教育部党组的领导下，认真落实“坚定信心、同舟共济、科学防治、精准施策”的总要求，提升政治站位，强化责任担当，为取得疫情防控阶段性成果贡献了北中医智慧与力量。

学校第一时间成立疫情防控领导小组，全面研判形势，部署工作，打响疫情防控阻击战。校党委成立了新冠肺炎传染病防控专项工作领导小组，并设立了11个专门工作组。各工作组各司其职，全力统筹做好疫情防控工作。

学校领导每天在岗带班，校园实施全面封闭管理，校园内建立了学生健康观察隔离区域，医疗防控物资迅速采购到位。各校区统一部署、统一指挥、统一行动，确保校园安全管理和防控无死角，有力地保障了校园安宁。

学校坚决把师生生命健康放到第一位，不仅实现了校内师生“零感染”和附属医院“零漏诊”，而且学校教育、科研、学科、建设各项工作快速推进，成绩显著。学校一大批干部职工放弃休假坚守岗位，党员干部以身作则，严抓疫情防控工作

各关键环节。一批党员干部在危急时刻挺身而出，敢打敢拼，广大教职员工恪尽职守，迎难而上，默默奉献。一线教师主动求变，放下粉笔，拿起鼠标，变身主播，保证了线上教学工作圆满完成，也产生了一批被学生所喜爱的校园“网红”。辅导员、班主任、导师除夕返岗，始终与学生心连心、肩并肩，搭起了学校与学生之间爱的桥梁。后勤保卫等服务人员以校为家，昼夜在岗，默默付出……在抗疫一线，留下了一个又一个感人瞬间、暖心故事、精彩片段。

（二）专家贡献中医方案

学校第一时间成立医学专家组，提供在线诊疗指导。疫情初期，中国工程院院士、国医大师王琦教授，谷晓红教授、姜良铎教授等专家就向社会发布了抗击新冠肺炎的中医预防方。

为助力驰援武汉医疗队的诊疗工作，校党委书记谷晓红、校长徐安龙、王琦院士、姜良铎教授、王庆国教授、刘景源教授、王成祥教授等专家组成医疗专家组，多次通过视频与前线医疗队员就疑难病例进行远程会诊。

在抗击疫情最为紧急的时刻，王琦院士、谷晓红教授组织编写团队夜以继日、勤求博采、深入思考，与奔赴武汉一线的专家和医务人员密切合作，编写完成面向一线临床医生的

《新型冠状病毒肺炎中医诊疗手册》，并于 2020 年 2 月 11 日由中国中医药出版社正式推出，在线上发布，免费供全国临床医生使用。

学校国医堂开通“新型冠状病毒肺炎”健康防控线上咨询通道，成立由临床实践经验丰富的专家组成的公益咨询团队，为有疑似症状的患者提供在线诊疗咨询和治疗指导。

（三）中医智慧助力全球

在抗击新冠病毒的战“疫”中，中医药发挥了独特优势，具有显著的临床疗效。让中医药这一中华文明的瑰宝更快地应用到世界各国的抗疫实践中，对世界人民抗击疫情有着非常重要的意义。

海外疫情暴发后，学校和附属医院专家通过视频连线，多次和海外专家交流和探讨中医药在抗击新冠病毒过程中的经验和疗效，不断推动中医药在海外抗击新冠病毒疫情中发挥更大作用。推出“健康全球”抗疫平台，学校专家通过互联网，在线义务解答新冠病毒防护相关问题，为与新冠肺炎相似症状的患者提供在线诊疗咨询，将中医药预防治疗的方案与世界人民分享。

《新型冠状病毒肺炎诊疗方案（试行第七版）》是中国医务工作者在战“疫”中总结出的珍贵经验。它历经六次修订，每一次都凝聚着无数人的心血和汗水。为了将这一中国方案推广给世界人民，第一临床医学院（东直门医院）血液肿瘤科

主任侯丽萌生了组建团队推出诊疗方案中医部分英文版本的想法，为世界各国疫情防治提供参考。团队加班加点，在疫情期间繁重的临床工作中挤出时间，夜以继日与时间赛跑，终于在最短时间内完成了翻译的初稿。团队成员、第一临床医学院（东直门医院）主任医师李杰忆起当时鏖战情景："接到团队邀请时，我不自信是否能在这么短的时间内完成任务，但秉持必胜的信念，团队齐心协力，在短短几天内圆满完成翻译任务，这彰显出北中医人的责任和担当，我为自己是北中医人而骄傲。"3 月 20 日，《新型冠状病毒肺炎诊疗方案（试行第七版）中医方案部分（中英对照）》在国家中医药管理局官方网站正式发布。

（四）盛夏北京再战病毒

2020年6月，北京突发疫情，北京市突发公共卫生应急响应级别由三级调至二级，社区防控工作进入战时状态。学校和京内各附属医院迅速进入“战时”状态，纷纷走上疫情防控最前线，投入到护卫首都人民生命安全和健康的战斗中。

第一临床医学院（东直门医院）迅速组织全院各临床医疗、医技科室和行政部门行动起来参与核酸检测咽拭子采集工作，在炎炎烈日下，检测队员“全副武装”，全神贯注地投入采样工作。

第二临床医学院（东方医院）所处的丰台区是北京疫情高发地区，全院1600多名员工全员动员，从马家堡社区、西罗园第三社区、长辛店二七车辆厂社区，到丰台区指定密接隔

离点……不管是临床科室骨干，还是院领导、行政管理干部，全部冲在咽拭子采集第一线。

第三临床医学院（第三附属医院）紧急部署，迅速行动，成立核酸筛查采样工作小组，并在30分钟内集结完毕，前往小红门地区进行咽拭子采集任务，挑灯夜战至深夜。

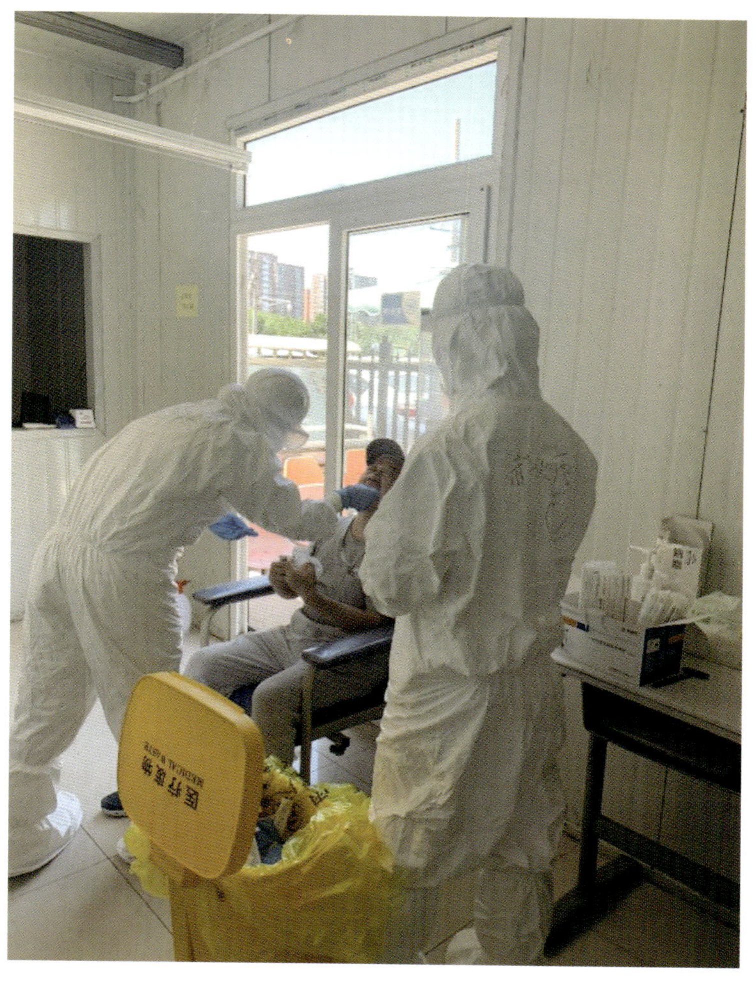

第六临床医学院（房山医院）连夜组建由60名医务人员组成的应急保障先锋队。核酸检测筛查现场，先锋队队员不顾高温，认真完成每一列筛查检测。他们说："抗击新冠肺炎是我们义不容辞的责任，希望大家加强防护，携手打赢疫情防控阻击战。"

（五）志愿服务最美青春

北中医的广大学子们，无论是留在学校内还是返回家乡，在配合疫情防控的同时，因时因地制宜，各尽所能，为打赢这场没有硝烟的阻击战贡献了青春的力量。

1. 主动请缨，参与一线防控

一些身处临床一线的研究生们，曾经在战"疫"最紧张的时候主动请求留下来协助老师做好诊疗工作。

第一临床医学院（东直门医院）硕士研究生刘洁丽、唐爽、龙中闻、孙志鹏、庄宛滢，博士研究生陈宇、王谦，在严峻疫情面前，主动请缨到医院临床一线值班，参加疫情防控工作。

一句"我报名"成为这个冬天最温暖的语言，也成为医学生最铿锵的誓言。孙志鹏同学是湖北人，他特别希望与一线医务人员一起为社会尽一分力量。他的父亲特别写了“你是个医生，这是责任”几个大字送给他，导师唐雪春更是在微信中一直给他打气。

2. 发挥专业优势，开展咨询服务

面对疫情，第一临床医学院（东直门医院）博士生研究生周波、张凯歌，硕士研究生陈海敏等共同发起线上义诊、健康咨询活动，招募到来自我校和北京协和医学院、中国中医科学院、北京大学医学部、首都医科大学等医学院院校的63名志愿者（全部具有执业医师资格证书）加入义诊团队，在线上累计为1000多名患者提供了中西医义诊咨询服务。

3. 守护家乡，有我出的一份力

针灸推拿学院2018级针灸学硕士研究生陈丹同学家在重庆市梁平区柏家镇龙峰村，回乡期间，他向村委会递交了请战书，

成立了一支由 13 名返乡大学生组成的“龙峰村大学生疫情防控宣传队”。宣传队对进出村子的人员进行登记及体温测量，并给全体村民宣传疫情防控知识。同时，陈丹还发挥自己的专业优势，为村民无偿提供健康咨询服务，普及养生保健知识。

施然是人文学院 2017 级法学（医药卫生）班的团支部书记。在家乡杭州市余杭区，她跟随在社区工作的母亲，主动报名成为一名社区志愿者。负责协助社工开展疫区返杭人员排查与信息登记，进行体温检测、登记居家隔离人员生活需求，还负责为市民们提供防控知识咨询。

第一临床医学院（东直门医院）硕士研究生刘少玉家住山东省海阳市徐家店镇刘家窑村，村里采取了封闭控制疫情的措施。农村高龄老人多，属于易感人群且基础疾病多，刘少玉主动到卫生室直接参与村民健康检查工作，帮助村民量体温、测血压。

第一临床医学院（东直门医院）博士生邬光福，在疫情暴发之后，赶往当地的疫情防控点，成为一名疫情防控志愿者。他说，“我是医学生，更是一名共产党员，只要人民有需要，不管何时何地，我都有义务第一个冲上去。况且，身为一名医学生，我有一定的防疫经验，我相信一定能够帮到大家”。

第三临床医学院的朱涵杰得知社区人手不足，主动报名担任社区志愿者。挨家挨户打电话并走访，对需要居家隔离的住户进行贴条处理，并定期为其采购生活用品。他说，我的工作远不像那些身处湖北一线的工作者那么辛苦，我们志愿者去支援都是因为自己是共产党员，不能够忘记当初在党旗下的宣誓，这不仅是对我自己的要求，更是对国家和人民许下的诺言。

4. 守护北京，北中医青年突击队火速集结

在北京市重大突发公共卫生事件响应级别由三级提升至二级后，我校 200 名岐黄志愿者迅速集结，组成“守护北京”青年突击队，凝聚起防控疫情的北中医青年力量，支援北京市核酸检测工作。

“北中医‘守护北京’青年突击队全体志愿者自愿请战加入北京市抗击新冠肺炎疫情的工作一线，竭尽所能贡献出我们的力量!”一声声“请战”掷地有声，一个个红手印见证铿锵誓言，全体志愿者签下了请战书，主动请缨支援一线。

志愿者们在老师们的带领下，服务 20 余个基层防疫工作点、近 1.7 万名居民，采集样本量达两万余份。严谨地编码、贴码，采集前的排序核对，样本采集……汗水浸湿衣裳，脸上出现压痕，双手因为汗水浸泡而浮肿变色，志愿者们仍然坚守岗位。碰到有疑问的老年人，他们结合专业知识耐心地给予解答；碰到害怕的小朋友，他们化身大哥哥大姐姐细心安抚。他们，以实际行动彰显着北中医青年的担当。

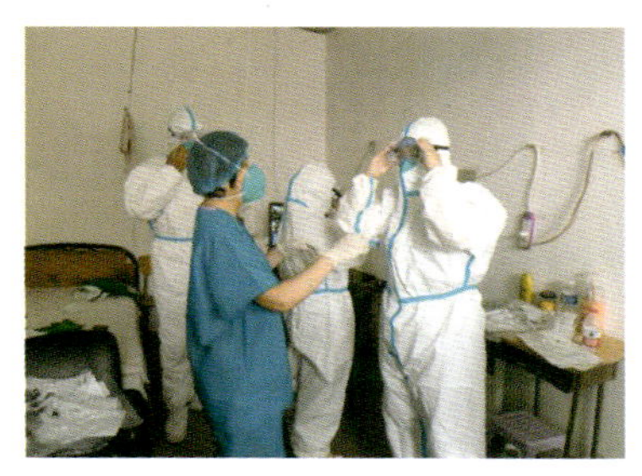

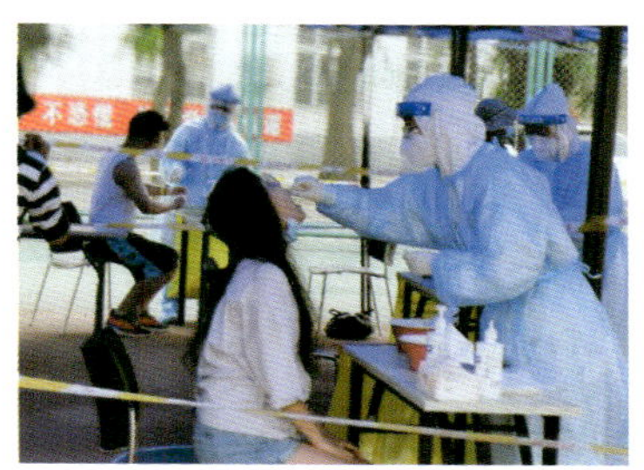

三、中华医药，堪当重任

在这场艰苦的疫情阻击战中，全国中医药队伍精锐出击，坚守疫情防控最前沿，取得显著效果，彰显了中医药在抗击新冠肺炎疫情中的特色和优势。

（一）直面危重，敢啃硬骨头的国家队

我校援鄂医疗队自开始收治重型新冠肺炎患者以来，贯彻“坚持规范治疗，发挥中医特色”的原则，遵循“一人一策，随证化裁”的思路，注重体质、疾病、症状“三结合”、中药内服方剂与中医外治疗法相结合的治疗，同病不同治、同病不同方，临床效果显著。

“我心里舍不得你们！是你们救了我的命啊！”一位高龄危重型患者在病情平稳准备转入专科医院时，紧紧地拉住了第一临床医学院（东直门医院）党委书记、援鄂医疗队临时党支部书记叶永安的手。患者 79 岁高龄，新冠肺炎（重型），发病 10 余天。入院时肺部影像学呈持续性恶化象，给予抗感染治疗，配合高流量吸氧。患者时清时寐，偶有躁狂，情绪恐惧，特别是夜间，整夜不能入眠，烦躁不安。医疗队在叶永安带领下，将该患者作为典型病例进行了救治。该患者属湿毒伤

阴、津亏气耗，造成气阴两伤、心神失养的临床表现。因此，医疗队暂停使用精神类镇静药物，并调整中药处方进行治疗。结合今年气候属少阴君火司天，阳明燥金在泉，运用司天方正阳汤，加大剂量益气养阴药进行辨证施治。

治疗方案调整 3 天后，患者症状逐渐好转，一周后出现了明显的病情转折，夜间可以安眠、低氧症状得到了改善，病情平稳，已经从病危转为平稳状态。当得知自己即将离开重症区时，老先生激动地流下眼泪。老先生的家属随后打电话过来，强烈要求医疗队继续为老先生提供中医治疗。

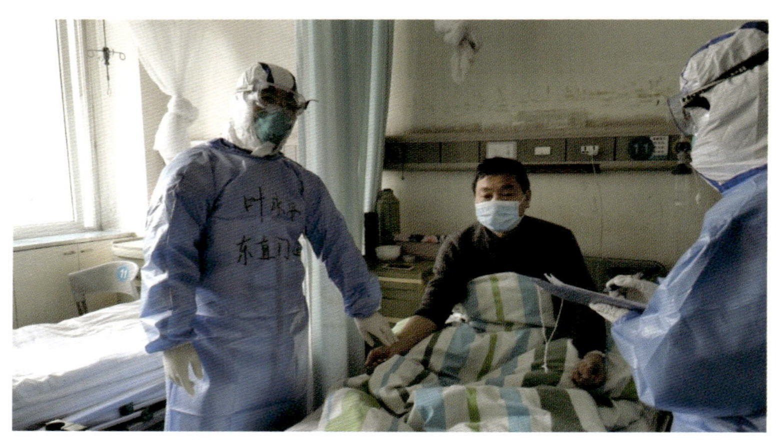

医疗队所负责的病区，当时有 35 张床位，收治的都是重型患者。刚开始的时候，有不少患者对中医药不了解，觉得是苦药汤子不愿意喝。一部分患者服用中药后烧退了，喘憋好了，起到了良好的疗效，这对其他患者起到了示范作用。后来基本上病区的每一个患者都愿意吃中药，都说是中医药救了他们的命，要回去好好宣传。因为看到了疗效，其他病区也来邀请我校医疗队员去查房开药。叶永安带领几个核心成员去查房后，几个重型患者的治疗效果大有好转。随着治疗效果越来越好，医疗队的信心也越来越足。当院方提出北京医疗队能不能给 ICU 患者施以援手时，叶永安说国家医疗队当仁不让，就是去啃硬骨头的。

进入 ICU 后，医疗队面对前所未有的挑战。为了防止气溶胶的感染，ICU 患者插管以后就一个气道通气，手脚都被扳着，舌苔也看不见。面对难题，医生就看他脚和手的温度，以及踝部的脉和颈部脉。结合“五运六气”和当地气候，判断患者的身体情况。一名 76 岁的患者吃了两剂药，症状就明显好转，氧和指数迅速上升，第三天就可以撤下呼吸机。病区一位老太太是这位老先生的妻子，医疗队了解这个情况以后，特意把他们俩安排在一个病房。两人见面以后，可以互相照顾，情绪稳定了，病情也随之不断好转。叶永安说，“作为医生，我们一方面要救治患者，同时也要替患者考虑，要体现医生的仁心仁术，体现北中医的水平、国家医疗队的水平”。

叶永安说，从这些案例来看，中医药在新冠肺炎危重型患者的治疗上，在各类传染病治疗方面是大有可为的。医圣张仲景的《伤寒杂病论》，就是与疫情做斗争的一个典范。到了金元时期发生鼠疫，由此李东垣的《脾胃论》诞生了，这是中医药治疗瘟疫的另一个高峰。到了清代，《温疫论》《温病条辨》这些著作相继问世，又出现了一批大家，形成了温病学派。如今，在古人的经验基础上，站在巨人的肩膀上来发挥好中医药这一独特优势，挖掘好这一精髓，也是一代一代中医人的使命。

（二）医护结合，展现国医仁术魅力

援鄂医疗队对每一位患者，都是在中西医结合原则指导下

进行治疗，保证一人一方，充分发挥中医药的特色优势。由于病情变化比较快，每位患者基本上 2~3 天就会调整一次中药方剂，同时还会辅助针灸、耳穴贴压等其他中医治法。

吴峥嵘回忆自己第一班岗收治的是一名女性患者，腹痛、恶心、呕吐、腹泻的症状很明显。跟她一起搭班的孟捷医生就地取材，给患者进行了针灸治疗，很快就缓解了患者的症状。

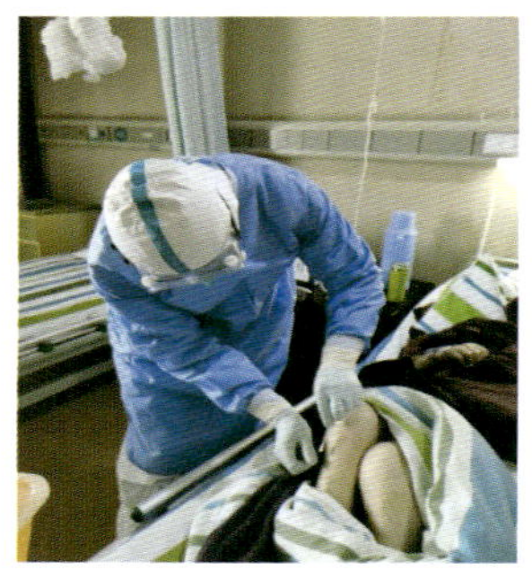

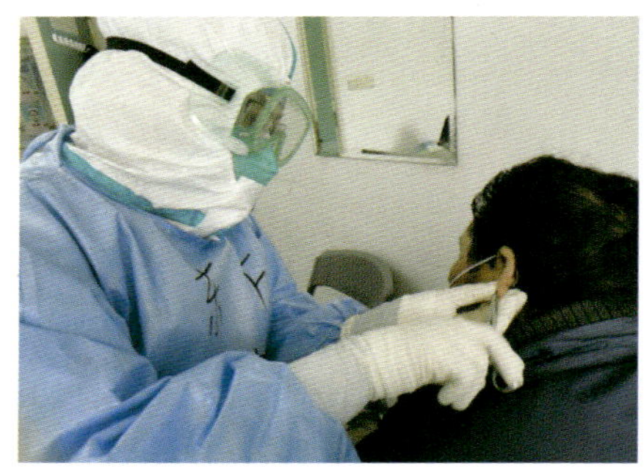

在这次援鄂任务中，中医治疗对于退热，减缓病情的发展，减轻脏器功能损伤方面都起到了较为明显的作用。

彭晓洪是第五临床医学院（深圳医院）重症医学科的中医主治医师，是驰援湖北的国家第四批中医医疗队成员，于 2 月 17 日前往雷神山医院对新冠肺炎确诊患者进行救治工作。彭晓洪回忆说，在深圳中医医疗团队所在的病区，中医是重要的治疗手段之一。使用的中药治疗方式，包括中药汤剂、颗粒剂，还有中医适宜技术、运动调节、情志调节等方法。辅助的治疗还有热奄包、防疫香囊、耳穴贴压、沐足等，医护人员们还会教患者练习八段锦。患者们都很喜欢深圳医院的防疫香囊，有一些患者担心把香囊弄丢了，就挂在脖子上，还希望出院后多带几个回家送给家人。

在隔离病房中，大家充分发挥中医护理的优势，根据患者不同的临床症状辨证施护，用自己的专业强项为新冠肺炎患者保驾护航。例如患者呼吸困难，医疗队队员就教患者呼吸操，来协助改善患者的肺功能。患者的睡眠质量差，就给患者耳穴压丸，并教会他们怎么来正确按揉。同时护士们还在患者床头悬挂了中药香囊，通过中药挥发气味来达到开窍爽神、安神定智的功效。等患者到了康复期，还会教患者打八段锦，方便患者在康复期和居家进行锻炼，以达到强身健体，提高免疫力的功效。

突如其来的疫情带给患者的心理创伤，也是护理工作关注的重点。护士们会尽量多和患者进行沟通，了解他们背后的故事。为了帮助患者改善心情，她们用五音疗法来调节患者情志，增加患者战胜病魔的信心。

第二临床医学院（东方医院）护士孙艳荣讲述了在湖北省中西医结合医院期间，如何充分发挥中医适宜技术在整个治疗过程中的作用。初期患者大部分是以发热咳嗽为主，就采用中医放血疗法。针对紧张、焦虑、失眠的患者，采用耳穴压丸、穴位按摩、耳穴操等方法。还有一些患者出现胃肠道的症状，例如反酸、烧心、呃逆，采用穴位注射的效果也非常好。针对后期康复的患者，为了增强他们的体力，指导他们做八段锦、太极拳。

在和当地的医护配合时，医疗队员给予当地人员一对一、手把手地培训，搭建起了交流学习的平台。隔离病房中的护理工作不同于以往的临床护理，非常繁琐，不仅仅要完成常规的治疗护理，还要承担护工、保洁员、配餐员、后勤保障等各种工作。

第二临床医学院（东方医院）护士李秀丽说，“作为一名护士，当接过前辈手中的燕尾帽，南丁格尔的精神便一直指引着我前行。用爱心、耐心、细心、责任心去对待每一位患者，以求无愧于白衣天使的光荣称号。有时是治愈，常常是帮助，总是在安慰。当面对躺在病床上的患者时，我深切地体会到所从事的护理工作不仅仅是护理患者，打针发药，护理工作更是艺术和科学的结合，是从大爱出发，对患者有温度的呵护。”

（三）天使回家，医患抗疫情谊永存

当结束援鄂任务启程回京时，武汉的天空下起了大雨，好多当地的人们冒雨前来送行，雨水泪水从脸上滑过，大家的内心充满了对这座城市的不舍和深情。那时武汉的街上已经多了好多车辆和行人，整个城市也正在逐渐恢复勃勃生机。离开的那天有很多为医疗队送行的人，有和大家并肩奋战了很长时间共过生死的当地医院科室的医护人员，有在酒店给大家提供生活照顾的工作人员，有为车队全程鸣笛保驾护航的武汉交警，还有冒雨前来的不知名的武汉市民。

3 月 25 日 21 时 10 分，G68 次列车缓缓开进北京西站，已在武汉前线奋战 59 天的 46 名北中医国家援鄂医疗队队员回到北京。站台上，迎候人员早早列队等候，随着医疗队员走出车厢，站台上响起了热烈的掌声。

返程前，叶永安还惦记着他的患者，那是一名他从 ICU 里抢救过来的 76 岁患重型新冠肺炎的老人。“听说他核酸已经转阴，很快就能出院了”，叶永安开心地说，“每一位转出的患者，我们都一直在追踪，跟他们现在的主管医生都有微信联系……”

医疗队返京后的第 1 天，微信群里传来一条消息，医疗队救治过的一位新冠肺炎危重型患者肺部 CT 结果较前大有好转，队友们都为他感到高兴。在前线，患者和医护人员建立了深厚的感情，现在很多人还通过微信联系。后续的康复期，尤其是针对重型和危重型患者，医疗队还继续和患者家属保持联系来跟踪病情情况，进行治疗和护理。

护士李秀丽讲了这样一个故事。30 床的老爷爷 70 多岁了，可是自打看见他，就一直坐在椅子上，连输液也要坐着。这位老人家为什么如此倔强呢？李秀丽委婉地问他，“爷爷您怎么坐得这么直，难道是以前当过兵吗？”他说，“我以前在卫生防疫站工作，也是一名医生，我的精神不能垮，我不能躺下，现在我能坐着我还有力气。人要是老躺着，精气神儿就快躺没了，我听你们的话配合治疗，我一定会打败病毒的。”这就是英雄的武汉人民的缩影——自强不息，坚强勇敢。

“在与新型冠状病毒较量的过程中，大家从素不相识，到默契配合，结下深厚的战斗友谊……”叶永安说，“这份情谊不会断，未来我们京汉两地的医院还会有更多长期的合作”。

没有生而英勇，只是选择无畏；能有岁月静好，只是因为有人负重前行。中医人为这次抗疫战斗提交了一份满意的答卷，也向世界展示了中国人的风采、中国的文化自信、中医人的文化自信。他们把白衣化作战袍，怀揣大医精诚之心救治患者，尽显中医药独特魅力；他们用行动诠释责任，用担当践行使命，以担当彰显大爱情怀，用医者仁心保护人民生命健康，用救死扶伤的大无畏精神实现了对人民的承诺。

四、综合育人，润物无声

新冠肺炎疫情发生以来，学校在奋力抗击疫情、严密防控校园的同时，充分利用校园媒体，不断壮大主流舆论，对师生强化思想引领，营造育人氛围，向社会传递满满的正能量。学校精心组织老师们将全国人民和北中医人抗击疫情的生动实践引入课堂，开展课程思政。开创根植文脉传承的“海棠讲坛”，引导学生正确认识和防控疫情。在抗击疫情的特殊时期深化志愿服务和党团日活动，让学生在实践中锻炼成长。多措并举，形成了紧扣社会实践、生动而深刻的别样思政综合课堂。

（一）鲜活的战“疫”事迹传递信念的力量

疫情防控期间，为扩大正面宣传，壮大主流舆论声势，实现对师生的思想政治教育和思想引领，学校官微官网开设抗疫专题栏目，精心设计了“疫情防控举措发布、抗疫最前沿、坚守前线、校园防控、师生工作学习、校友在行动、海外抗疫、疫情防控知识宣传”八个系列新闻宣传内容，坚持以正确的思想引导人、以高尚的精神塑造人、以生动的事迹鼓舞人，构建起校内抗击疫情舆论宣传的新媒体矩阵，不断坚定全体师生坚决打赢疫情防控的人民战争总体战阻击战的必胜信心。

1. 紧扣抗疫一线，增强思想引领

疫情发生后，学校第一时间宣传党中央和上级有关精神，宣传贯彻习近平总书记的重要讲话精神，解读党中央的疫情防控政策措施。校党委理论学习中心组围绕新冠肺炎疫情防控等主题开展集体学习研讨。向基层党组织和党务职能部门推送包含疫情防控期间习近平总书记发表的重要讲话、权威媒体评论、专家学者解读等学习资料汇编，制作校内宣传栏。通过及时有效快速地传递信息，引导广大师生正确认识疫情，增强大家对于坚决打赢疫情防控的人民战争、总体战、阻击战的必胜信心。

通过官网、官微全面及时报道学校援鄂医疗队最美逆行者们的勇敢抉择和感人事迹，讲述党领导人民众志成城、共克时艰的伟大壮举和“最美逆行者”的家国情怀，充分彰显和发挥了“全民抗疫”时期的思想引领与价值指导作用，更展示了中医药这一中华文明瑰宝的时代价值。

2. 讲述防控群英事迹，厚植师生家国情怀

学校京内外 8 所附属医院，除了派出医疗骨干驰援湖北之外，在后方也严格防护，周密部署，全面开展疫情防控战斗。

通过生动讲述、报道京内外 8 所附属医院的北中医人积极抗击疫情、守护人民健康的行动，运用疫情防控中涌现出来的先进事迹等思政育人元素，勉励青年师生与祖国同命运、与人民共呼吸，勇担时代责任，厚植家国情怀，彰显“四个自信”。

学校始终坚持把师生生命安全和身体健康放在第一位。在疫情防控期间，不仅有冲锋在疫情第一线的白衣战士，亦有在自己岗位上默默坚守的各类人员。广大党员干部勇当先锋、敢打头阵，主动担当，处处都能看到挺身在前、以上率下的标杆身影，广大教职员工恪尽职守，迎难而上，默默奉献，用“舍”和“守”为学校师生的健康保驾护航。通过报道默默坚守工作岗位的各类人员，宣传他们“舍小家为大家”“将小我融入大我”的感人故事，剖析学校校园防控疫情的经验和特色优势，进一步增强全员抗击疫情的信心和决心。

按照“停课不停教、停课不停学”要求，学校线上教学全面开课。紧密结合医学院校特点和抗击疫情一线工作，将专业课教育与抗疫斗争相结合，将思政教育融入各专业课教学，构建起了对同学们进行思想引领的云端课堂。老师们把专业知识与战“疫”现实有机结合，将一方有难、八方支援的家国情怀和奉献精神等有机融入各门专业课程中，让专业课程变得更有温度、充满温情，实现“润物无声”的育人效果。

在全国上下全力防控新冠肺炎疫情的关键时刻，北中医校友响应号召，众志成城抗击疫情，树母校形象，尽社会责任。校友企业及海内外北中医校友纷纷捐款捐物，或为各地疫情防控做贡献，或为母校驰援武汉医疗队提供支持，或支持母校疫情防控工作。通过对校友抗疫行动的宣传，彰显了北中医人的责任与担当，展现出全球北中医人的家国情怀和民族大爱。

3. 宣传普及抗疫知识，彰显中医药自信

在抗击新冠病毒疫情中，中医药发挥了重要作用。学校通过科学普及传染病防控知识以及中医药在抗击疫情中发挥的特色优势和积极作用，教育引导青年学子要更加积极地投身到中医药的学习和钻研中，练就过硬本领，增强专业自信，牢记医者使命。

学校国医堂和各附属医院也纷纷整合专家资源，开展线上诊疗、咨询服务，指导社会大众科学预防病毒。制作和编发多部疫情防控科普作品，宣传和普及健康养生知识。

海外疫情暴发后，学校海外中医医疗中心纷纷助力抗疫，不断推动中医药在海外抗击新冠肺炎疫情中发挥更大作用。通过宣传报道抗疫的中国方案，展现了北中医人与世界人民守望相助、同舟共济，不忘以中医药造福世界人民健康的初心和使命。

（二）抗疫天使变身“云主播”

在抗疫的特殊时期，师生相聚在“云端”，教学传情在“线上”。我校广大教师，更是坚持“立德树人”，把对中医事业的执着热爱，对莘莘学子的无限关怀，化作实际行动。

1. 坚持文化自信，凝聚“使君子”工程思想

使君子是大家非常熟悉的一味中药，早在《本草正》中即有记载，它的花语就是身心健康。既可以健脾益气，又可以杀虫消积，具有扶正驱邪的双重作用。以课堂教学来比附，就是说人民教师在课堂上不仅要传道、授业、解惑，而且还要清理头脑中不正确的观念和思想。

从文化而言，“使君子”又可喻为师生双方，体现了优秀

中国传统文化和社会主义核心价值观的内涵特征，向广大师生传递一种强大的愿景与希望，既要倡导每一位老师都成为人人尊敬的“使君”，如同诸子一样，传递为人之道、文化之道、科学之道，又要在习近平新时代中国特色社会主义思想指引下，使每一位学生都成为“文质彬彬、德才兼备、普济众生、经世致用”的当代君子，将他们培养成合格的社会主义事业建设者和可靠接班人。这就是我们的初衷和根本目的。

2. 传递学科真知，师生云端同频共振

广大教师立足生命健康，把丰沃的中医药学文化土壤作为力量的源泉，把战“疫”主战场的生动实践作为坚实依托，他们和驰援武汉的北中医逆行者并肩作战，在云端“传真道、讲真经、说真话、做真人、干实事”，和千万学子一道同频共振，把思政教育融入课堂教学主战场，形成了全课程、全专业覆盖，全体课程“立德树人”的生动局面，书写了催人奋进，

感人至深的大爱无疆华章。

（1）心怀敬畏，感召学生做热爱生命的真人

医学教育的核心对象是人的“生命”，传递正确的“生命观”，是医学生成长的必修课。赞叹生命、敬畏生命、珍爱生命，是医学教育的主旋律和定盘星，必须放到医学教育的首位。

我校东直门医院和东方医院 46 名医护人员组成的北京国家中医医疗队逆行武汉，进驻湖北省中西医结合医院呼吸重症六病区，开展了为期 59 天的抗疫实践。他们为了什么？就是因为挽救生命、关爱生命才舍生忘死，冲在第一线。为了让同学们有更加深切直观的认识，培养广大同学们健康、高尚的生命观。有的老师进入援鄂医疗队驰援武汉，但在抗击疫情工作间隙仍然坚持备课，将中医药捍卫生命的真实故事和素材传递给一线课堂，更让莘莘学子认识到生命的厚度与分量。

（2）以身示范，引导学生做爱岗敬业的贤人

新冠疫情是对国家治理能力的一次大考，是对我国医疗工作的一次大考，更是对医护人员专业素养的一次大考。而医学生，他们未来面对同样的压力，是担当还是退缩，恰恰在于今天的播种。我校教师紧抓契机，用逆行者的真实故事来感染和打动他们，引领同学们热爱自己的专业，树立正确的价值观，开达的世界观、道德观、生命观、健康观。

在《生理学》课程的第一课中，授课老师首先从新冠疫情背景入题，借助分析新冠肺炎患者的症状提出了一系列问题，引发学生的思考，不仅从生理学的角度进行知识解析，并引导学生不仅要感动于白衣战士义无反顾，舍生取义的英雄本色，更需要把握当下，努力学好医学知识，成为一名医者仁

心、卓越医术二者兼顾的优秀医生。《护理学基础》的课堂上，教师利用案例法进行思政导入，通过媒体报道的新冠肺炎出院患者的心声，奋战在抗击新冠肺炎第一线的学院优秀往届毕业生事迹、图片及一线护士护理日记分享，激发和提升学生的职业情感，明确作为一名合格护士的自身价值，引导学生充分意识到基础护理理论与技能在临床工作的重要性，对患者人文关怀润物细无声的强大力量，增强学生的学习积极性及职业认同感。临床中药系依托临床中药教学团队与教学名师工作坊，采取集体备课团队行动的方式，建立教学路径。全体教师不论是在家隔离，还是身在海外都主动克服困难，勇担重任，相互协作。用自己的职业操守，践行了“师道尊严”，感动了一大批青年师生。

（3）润物无声，鼓舞学生做文化传承的达人

课程思政好比向汤里加盐，润物无声，而又提振正气，在不知不觉中向同学们传递了正能量，打开了智慧窗，彰显了文化自信。

在本次抗疫教学实践中，中医学院陈明教授在课堂中自豪地说：“六经为病尽伤寒，不外阴阳表里间。”告诉同学们中医对于新冠肺炎的防治必定大有作为。李宇航教授鼓励学生：认真学好《伤寒论》，要做到抗疫、学习两不误。他通过腾讯课堂告诉同学们国家卫健委与国家中医药管理颁布的抗击新冠肺炎一线处方清肺排毒汤，就是源于《伤寒杂病论》四个经方的合方，极大增强了学生理论联系实际能力及民族自信心。王庆国教授在疫情防控期间，带领自己的团队通过网络会诊的方式，对前方确诊、疑似以及相关肺炎患者进行诊疗 100 余人，其中有轻型，有重型，还有濒临死亡的极危重型患者，取

得了很好的疗效，彰显了中医的优势。他将这些鲜活的案例，融入课堂教学之中，并引导同学们参加讨论，不仅活跃了课堂气氛，促进深入理解授课内容，更提高了大家对中医的专业自信，对中国传统文化的自信。

（4）尊重科学，培养学生做追求真理的至人

有了正确的生命观和价值观，领略了文化风采，作为医学生的重要责任就是扎扎实实学好知识。做好疫情防控更是一个科学问题，同样要培育他们的理性思维、科学素养和批判精神。

中药学院的侯俊玲教授主要讲授物理学课程，她带领全组成员针对目前学生情况积极加强物理学课程的思政教育，在教学设计中特意增加思政教学内容，除要求自学的内容外，从第一堂课开始就给学生们进行思政教育。中药治疗学课程组开展在线翻转课堂，通过课前视频学习解表药内容时，教师会展示解表药在新冠肺炎治疗中的应用，引导学生讨论解表药对新冠肺炎治疗的特点，课后学生们总结回顾各地新冠肺炎的中医诊疗方案，从而更深刻理解了解表药的临床应用与药学服务内容。生命科学学院医学免疫学与微生物学教研室，结合新冠病毒感染的无症状者和危型患者的不同免疫反应状态，提出问题。通过图片、动画等手段讲解，强化学生的辨证思维和批判性思维。

（5）聚焦创新，启迪学生做厚积薄发的新人

在这次疫情防控过程中，中医药发挥了至为关键的作用。但怎样才能揭开奥秘、打开谜底，展现中医药的真正魅力，还需要不断启迪创新。

在《中医疫病学导论》专业课中，温病学教授谷晓红从疫病的特征、中医疫病学的历史与发展、中医药抗疫简史与发展、中医在抗击新冠肺炎中发挥的独特优势与作用等方面进行

讲授，并结合学校广大医务工作者积极请战、英勇逆行的感人事迹，勉励广大中医学子坚定“四个自信”，坚定中医药自信，为祖国医药卫生事业的发展和人类身心健康奋斗终生。

《临床中药学专论》课中教师将临床药学服务热点选题、学习团队组合、主题阐释、组间答辩、全面考核有机结合起来，调动学生主动探索的学习热情，培养学生的创新意识，很受学生喜爱。针灸推拿学院侯中伟老师的《针灸医籍选》课程，在讲解经典理论的同时，还不断启发同学，如何运用针灸学术思想，为抗疫创新发力。还把他所编创的“中医抗疫养生保健系列方法”传递到课堂上，鼓励同学们在时代的大潮中敢想敢创，做时代的弄潮儿、奋勇拼搏。

为扎实线上教学，孙红梅教授采用《居家学习解剖课程的同学们的一封信》在云端网络上为学生上了战“疫”第一课；为了服务遍布海外的留学生，老师们克服时差、甘于奉献。第三临床医学院的老师们和留学生常常互动到深夜，王天芳教授为英文授课班录制专属教学视频，并向他们传递中国抗疫所取得的成绩和故事。

各学院均认真遵循课程思政建设规律，做了大量积极的工作，形成了全校一盘棋，教师人人讲思政，课堂处处能育人的生动局面。

同时，学校在校园防控中充分发挥中医药独特作用，以中医药治未病的系列学说为基础，发掘整合传统中医药在保健预防中的养护方法，通过药食同源中药预防、艾条香薰芳香避

秽、关心关爱情志调节、清淡饮食均衡营养、健康教育运动健身等多种方式，促进师生身心康健，让师生做到“正气存内、邪不可干”，既形成了独具特色的中医药防控方案，也让师生在日常生活的点点滴滴中感受到中医药的魅力。

（三）文脉传承创新思政课堂

对于中医药文化而言，文脉更肩负着传承经典，开创未来的重要使命，是中医药文化思想的基本核心之一。在中医药高等教育院校开展学生思政教育工作，根植文脉传承作为指导理念，教育引导学生了解特色学科的历史渊源、精神内涵、核心价值，从而树立专业自信、文化自信，对于指导临床实践具有重要意义和深远影响。

1. 传橘井之术，承大医精诚：“海棠树下”——中医药传承讲坛

1985年春天，谷晓红教授与导师孔光一先生在中医学院门前的海棠树下偶遇，从此开启了35年的师徒深情。为纪念孔光一先生，谷晓红教授开办讲坛，面向青年师生传承理想信念、中医药思维、学术观点和临床经验，引领北中医人乘风破浪，砥砺前行。

疫情期间，“海棠树下”系列活动举行，围绕疫情防控的形势，结合中医药传承创新的主旨，邀请留校博士研究生代表、岐黄班长学制研究生代表、青年教师骨干力量、辅导员代表等，分别从不同的角度展开深入研讨。

2020年4月10日，春和景明，“海棠树下”——中医药传承讲坛第一期如约而至。谷晓红教授与师生们一同站在远志楼（原中医学院楼）前的海棠树下，为大家讲述了她与恩师

孔光一先生相识于此的难忘经历。谷书记动情地说到，希望通过开展“海棠树下——中医药传承讲坛”这样的系列活动，将以孔老为代表的老一辈中医人传道授业的精神永远传承下去，激励一代又一代的中医新青年们不断奋进，孜孜以求。

交流过程中，同学们结合自身在疫情期间的所学所悟，对中医药发展的优势、弱点、机遇与挑战发表了自己的看法和观点。一方面，在疫情防控中，中医药发挥的巨大作用进一步坚定了同学们专业学习的信心。同时，在全球疫情防控的大环境下，也让同学们认识到了开拓国际视野，加强中医药与现代科技的融会贯通，做好中医药传承与创新的重要性。另一方面，针对此次疫情中出现的相关问题和薄弱之处，同学们也辩证地发表了自己的见解和思考。

第二期的研讨主题是“新时代中医药高等教育：研究生

的责任与力量”，新时代的中医药高等教育应当以育人为根本，培养一批具有大胸怀、大境界、大格局的一流中医药人才，助力实现中华民族的伟大复兴，为服务全人类健康努力。谷晓红教授以孔光一先生多年来治学诊病的事例，与来自各学院的研究生与青年教师代表分享中医人为人、为医、为师、为学的真谛。

随着国内疫情防控取得阶段性的成效，为更好地总结经验，为未来中医学科建设夯实基础，第三期“海棠树下”讲坛聚焦中医传染病学科的前世今生。谷晓红教授作为温病学科的带头人，与青年一辈展开学术切磋。从中医传染病学的发生发展历史回顾中，我们了解到中医治疫，历史久远，经验丰富，因此，我们更应充满自信。同时，结合本次疫情和相关数据、治疗方案，不难看到，中医传染病学在重症救治中的优势及其发挥的重要作用。这些数据和成果给予中医药莘莘学子无限的动力和巨大的信心。

时间转眼入夏，雨过天晴，在风和日丽的午后，5 月的第四期海棠树讲坛如约而至。在全国疫情防控取得重大进展之际，谷晓红教授与八位青年研究生导师代表齐聚和平街校区远志楼前的海棠树下，共话关于导师如何践行立德树人的神圣使命。曾奔赴武汉一线的东直门医院感染科杜宏波导师讲述了自己在武汉参与一线医疗支援的亲身经历，他说，作为研究生导师，应时刻“身正为范”，要将学生视为自己事业上的儿女，积极引导，以身作则。东直门医院肾病科的王世东导师表示，医学生在成长过程中难免会面临“大高强”，即压力大、要求高、挑战强，作为导师要从德与术的角度双管齐下，教会学生如何克服三座大山。中医学院的张林导师从“以术立身”“以

德立身”两方面，结合疫情伊始带领团队七天完成抗“疫”专著编辑的亲身经历，分享了青年导师在践行立德树人职责方面的思考和收获。中药学院王鹏龙导师，作为新晋的研究生导师，表达了希望通过此次活动向各位前辈取经学习的期待，同时，也结合自己的理解，提到了在研究生培养过程中，体会到教育是一种陪伴，师生之间便是一种相互陪伴的默契。管理学院的石学峰导师讲述了自己与导师的相处之道，并指出导师的言行对研究生一生发展会产生至关重要的影响。人文学院李晓莉导师认为，导师践行立德树人职责的前提是必须要做到自身素质的提升，注重内外兼修，身教重于言传；在教导学生的过程中也要不断提升自己的共情能力。针灸推拿学院王荣国导师从自身经历分享中，总结出研究生导师在指导学生的过程中做好道与术的平衡。护理学院刘宇导师表示，导师要积极引导学生坚守底线，坚守学术诚信。

7月，又是一年毕业季，新一批北中医研究生学子即将离开校园，踏上新的征程。毕业教育“最后一公里”的关键时刻，第五期“海棠树下——中医药传承讲坛”之“成才之路——那一年海棠树下，落叶缤纷”的主题交流活动首次在良乡校区举行，谷晓红教授与2020届研究生毕业生代表共叙未来发展。面对即将踏出校门，步入社会的研究生毕业生们，作为“老”北中医人，谷书记向即将毕业的同学们表达了自己的心声和期盼。她叮嘱大家无论何时，都应做到五个“要”：一要坚定：是对中医药事业的坚定，不忘初心，不断孜孜以求，砥砺前行；二要坚信：对中医药未来充满信心，真正实践“传承精华，守正创新”的全国中医药大会精神；三要坚强：未来不管面对任何困难，敢于迎难而上，积极面对；四要坚持：一定要有持之以恒的信念和决心，更重要的是要懂得协同合作，众志成城才能到达巅峰；五要坚守：无论为人、为学都必须守住底线和本分，保持科学态度和诚实严谨的品质，坦然从容地对待一切。“追求而不贪婪，进取而不自伤”，带着属于北中医人的自信与笃定，带着老师们的叮咛与嘱托，相信同学们在未来人生道路上定能披荆斩棘，乘风破浪，勇往直前。

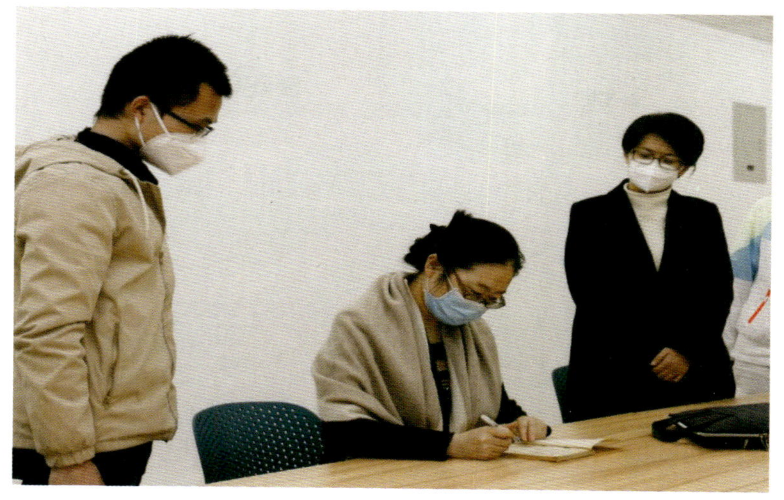

2. 心系岐黄，畅谈心语："岐黄心语"——师生交流座谈

"岐黄心语"是由王耀献副校长发起的，与学生进行谈心、交流的系列活动，研究生与校领导面对面，更加直观地近距离倾听学生心声。在轻松愉悦的氛围中，分享生活点滴，畅谈职业追求，描绘人生规划，引导同学们坚持理想和初心，坚定学习中医的信心和决心。

2 月 24 日，是一个难忘的新学年。因为疫情，为响应"居家不流动，停课不停学"的号召，学生们开启了全新的学习模式：授课不能相见，师生们们相约在"云端"。新的教学方式，给大家带来了新的挑战，也有了新的灵感，开启了全新的体验。"岐黄心语"活动结合疫情期间学习特点和学生的思想动态，有针对性地，及时启动了专项主题交流。

作为临床专业研究生，面对暂时无法如期进行临床跟诊学习的现状，如何鼓励其充分利用居家学习的难得时机，夯实医

学基础，提升科研学术能力是针对该群体开展学业辅导的重要导向。王耀献副校长通过线上视频交流会的方式，首先与临床医院的研究生代表开启了疫情期间的第一期心语对话，鼓励临床医学生要抓住这难得的自主学习时光，实现自身科研能力上的“弯道超车”，为未来临床实践奠定扎实的专业基础。

为了做好校园防疫工作，学校采取了特殊时期的封校政策，部分学生由于春节临床值班任务和学习任务，暂时无法和家人团聚，留在校内。在此期间，及时关注留校学生的身心健康，丰富其校园文化生活，鼓励留校同学充分合理利用时间，做好专业学习，成为关心关爱留校学生工作中一项重要的任务。在留校学生进行户外锻炼的间隙，王耀献副校长和几位来自临床专业的学生代表，在操场中央，席地而坐，畅谈交流。以话家常的形式询问同学们自留校以来的相关情况并表达了对同学们的关注和关切。同学们通过自我介绍和交流，提出了作为临床研究生如何平衡临床和科研工作，如何面对和处理医患关系等方面的困惑。王耀献副校长结合自身多年临床一线工作经历，告诉同学们成长为一名优秀的临床医生，除要掌握扎实的专业技能和知识外，还要不断提升自身的综合能力。医病必先医心，要懂得换位思考，不断增强沟通交流的能力，赢得患者和团队的信任。同时，在治学修身为人方面，他还强调，做学问的根本是正心、正气，作为医学生要注重自身学识修养的提升和良好生活习惯的养成，做到慎独自律，这些都将是受益终生的财富。伴着明媚的阳光，师生们围坐在体育场中心，在轻松愉悦的氛围中畅所欲言，让同学们快速融入，打开心扉，不时充满欢声笑语。

岐黄之路，困难重重，道阻且长。一代代中医人满怀信心，不惧质疑与批评，以自尊自律的精神、严谨科学的理论成果、真实可信的临床实效，在实现健康中医战略的伟大事业中发挥不可或缺的作用，在人类健康的版图中占据重要一席。青年人是早晨八九点钟的太阳，是祖国的希望，是中医药的希望。一定要不忘初心、不忘本心，昂首挺胸，怀揣对中医药文化的自信，根植文脉传承，脚踏实地去传承岐黄之术，为伟大的中医复兴之梦贡献自己的力量！

（四）道术故事升华理想使命

1. 让最美“逆行者”走上轻新课堂

英勇驰援武汉的医疗队员返京后，刚刚脱下白衣战袍，就利用隔离休整时间，在集中隔离宾馆的房间内用手机录制视频，走上云端思政课堂，讲述自己在武汉抗疫一线的亲身经历和感悟。最终为同学们在轻新课堂上呈现了《最美“逆行者”》这一战“疫”前线事迹宣讲专题网络思政课。

走下战场的勇士成为走上课堂的教师，不仅是同学们的老师，更是学子们的榜样。亲自参战的医疗队员们，根据武汉抗疫一线的亲自体验，亲自讲述自己的生动经历与深切感悟，用事实说话，用真情抒怀，演绎了“仁人、仁术、仁心”三位一体之真谛。医疗队员们在危急时刻，冲锋在前。英勇无畏的医疗队员们从报名请战、争做“逆行者”到在武汉抗疫前线救助患者的经历，生动地展现了白衣天使们勇往直前的担当精神和不畏艰险、一心为民的家国情怀。北中医的医疗队员们坚持中西医协同配合，充分发挥中医药的独特作用，取得显著的临床疗效，充分展现了中医药这一中华文明瑰宝的时代价值。也再次向世人证实，中华医药在关键时刻堪当大任。从争先恐后、无畏“逆行”，到临床救治病患，医疗队员舍小家、顾大家，坚守抗疫一线，细致入微关爱患者的事迹，展现了大医精诚精神和医者的仁爱之心。

前线的故事中，蕴含着医护人员英勇抉择的心路历程，又有他们救护病患的具体事例，更有援鄂人员与武汉人民携手抗疫过程中的深刻感触。透过这些，我们看到的是党领导人民众志成城的壮美社会画卷，感受到的是人民至上的崇高理念和制度优越。

2. 深入开展“使命在肩，奋斗有我”主题教育

今年3月，习近平总书记给北京大学援鄂医疗队“90后”党员回信中，再次对青年学生成长成才提出要求，寄予厚望。为深入贯彻习近平总书记对青年群体的系列重要回信精神，进一步激发青年学子的责任感、使命感，学校以爱国主义教育为主线，深入开展“使命在肩，奋斗有我”主题教育。

第一时间组织学习习近平总书记给北京大学援鄂医疗队全体“90后”党员的回信、给北京大学首钢医院实习的西藏大学医学院学生的回信、给复旦大学《共产党宣言》展示馆党员志愿服务队全体队员的回信、给中国石油大学（北京）克拉玛依校区毕业生回信等，增强对青年学生的思想引领，培养青年学生高尚的爱国主义情操与家国情怀。

结合五四青年节，开展“使命在肩，奋斗有我”纪念五四运动主题升旗仪式，并向全国中医药院校青年发出“使命在肩，勇担当，奋斗有我正当时”的倡议书，号召新时代的中医药青年传承五四精神，永葆爱国情怀，大力弘扬“使命在肩、奋斗有我”的时代精神，传承精华，守正创新，为建设健康中国和振兴发展中医药事业贡献青春力量。

坚持先进引领，举办师生防疫抗疫事迹线上宣讲会。邀请驰援武汉的医疗队骨干医护人员，用线上直播主题团课的形式讲述身边“最美逆行者”的感人故事，引导青年学生以英雄、

先进为榜样，向英雄、先进看齐，与英雄、先进同行，从中汲取强大精神力量，勇担使命、主动作为，为实现中华民族伟大复兴贡献青春力量。

3. 以文化人，创新形式开展多样线上活动

（1）“艺术节”“生活节”移驾云端

坚持以文化人，一场场“云”活动以有效又“有料”的形式，展现出北中医学子的青春活力：“杏林青春齐聚力，艺彩飞扬共战‘疫’”第21届艺术节共14项艺术活动，传承经典艺术之美；生活节线上活动“健康居家，助力防疫”居家生活大作战，鼓励青年学生培养良好的生活习惯、理性平和的心态和文明健康的生活方式；北中医、湖北中医学生会共同打造“云端有我，声聚暖光”五四云歌会，让两校优秀校园歌手在“云端”共唱美好，同谱深情；“中医药学子云笔记”活动，助力“防疫学期”云学习；“众志成城战‘疫’情，致

敬最美逆行者”云朗诵大赛，声援各行各业的一线工作者。

（2）“宣传员”“组织者”齐聚线上

各级学生组织、社团充分发挥新媒体优势，当好疫情防控“宣传员”。由校学生会发起，共 15 所中医药高校学生会联合参与的“杏林齐报道，致敬一线中医人”活动，引发强烈社会反响；《北中医的一天》等文化产品持续输出，传递温暖正能量；各社团微信、微博平台有序发声，不断引导青年不造谣、不信谣、不传谣，营造清朗的网络空间和良好的舆论环境。

（3）“留校生”“返校生”情暖谊长

结合疫情防控相关要求，围绕留校学生的生活实际，校团委先后开展“心系疫情，温暖予你”留校生系列活动，以“让留校生活‘美’起来”为主线，设计开展了“四美”活动。通过“光影美”征集留校生“校园掠影”作品，鼓励同学走出宿舍采集校园春色风光；“才艺美”通过组织户外音乐沙龙，调节学生心态情绪；“性格美”鼓励学生以短视频形式或在户外活动现场与大家分享快乐，引导大家养成乐观心态；“形体美”鼓励学生加强体育锻炼，增强身体素质。在特殊时期，不断增添校园内的人文关怀。

（4）“新媒体”“文艺范”碰撞火花

学校各团支部、学生社团等基层团组织，通过网络直播、群聊等形式开展“众志成城、共克时艰”线上主题团日活动，一堂堂基层团组织制作的专题示范团课，让防疫政策、防疫知识入脑入心。在基层广泛征集短视频、微信表情包、H5 等新媒体作品和原创歌曲、动漫、书画等主题文艺作品，挖掘和宣传疫情防控中的先进典型，在特殊时期激发活力、鼓舞人心，引导青年学生正确对待、科学应对疫情，不断提高思想水平、政治觉悟、道德品质和文化素养。

在这场习近平总书记亲自指挥亲自部署的人民战争中，北中医人全员行动，全面发力，勇于担当，积极作为，保障了校园安宁、师生安全，也为国家抗击疫情的战略成果做出了独特的贡献。还有很多辛勤付出的人让我们难以细数，很多壮美感人的故事我们难以尽数，很多真切的大爱我们难以表达，让我们永远铭记这段不平凡的岁月，将一切的感动和感悟化作不负韶华，不懈努力的动力，永远争做时代和人民所需要的“最可爱的人”。

第三篇 提振民族精神，汇合国家力量

阔步行进在新时代的康庄大道上，我们迎来中华人民共和国70周年诞辰，与此同时我们也遭遇到近百年来影响范围最广的全球性大流行病——新型冠状病毒肺炎。庆祝中华人民共和国成立70周年群众游行让我们看到了全国各族人民、海内外中华儿女赤诚的爱国情怀，更让我们看到了属于北中医人的“白杨精神”。《众志成城抗疫情——打赢疫情防控的人民战争》专题网络思政课为我们讲述了北中医人在抗击新冠肺炎疫情斗争中展现出的中国特色社会主义制度的巨大优势，以及中医药这一瑰宝的独特时代价值，更让人们看到了北中医人逆行而上、英勇抗疫的风采。

一、参与国之大典，谱写时代华章

（一）信仰力量塑造品格

70年栉风沐雨，70年砥砺奋进。2019年10月1日，中华民族迎来了70华诞，在这特殊的日子里，中华各族儿女共同为祖国母亲奏响一曲生日赞歌，生动展现了中国人民不懈奋斗的壮美画卷。

1. 铭记历史，强化国家认同意识

1949 年 10 月 1 日，中华人民共和国成立，经过 70 年的砥砺奋进，在中国共产党的领导下，我们的国家和民族发生了翻天覆地的变化。习近平总书记在庆祝中华人民共和国成立 70 周年大会上的讲话中指出："70 年来，全国各族人民同心同德、艰苦奋斗，取得了令世界刮目相看的伟大成就。今天，社会主义中国巍然屹立在世界东方，没有任何力量能够撼动我们伟大祖国的地位，没有任何力量能够阻挡中国人民和中华民族的前进步伐。"回顾新中国 70 年发展历程，有艰辛、有辉煌，更有无数为新中国的建立和发展奉献一生的人，他们的事迹和贡献值得被历史铭记。

（1）英雄是民族最闪亮的坐标

习近平总书记在颁发"中国人民抗日战争胜利 70 周年"纪念章仪式时讲话指出："近代以来，一切为中华民族独立和解放而牺牲的人们，一切为中华民族摆脱外来殖民统治和侵略而英勇斗争的人们，一切为中华民族掌握自己命运、开创国家发展新路的人们，都是民族英雄。"一个有希望的民族不能没有英雄，一个有前途的国家不能没有先锋。英雄精神是实现中华民族伟大复兴的重要动力，是引领时代主流文化和社会风尚的重要源泉，是增强国家文化软实力的重要组成部分。可以说，在时代变迁中，英雄精神彰显永恒的价值。

第一，英雄精神是实现中华民族伟大复兴的重要动力。在"致敬"方阵的礼宾车上有这样一群人，他们是老一辈党和国家、军队领导人亲属代表；老一辈建设者和家属代表；中华人民共和国成立前参加革命工作的老战士，老一辈军队退役英模、民兵英模和支前模范代表。作为中华民族的奋斗者和新中国的缔造者，他们用生命与鲜血为民族独立、人民解放和国家富强、人民幸福，筑起了坚不可摧的血肉长城，铸造了坚强不屈的民族脊梁。在他们身上所展现的英雄精神体现了中华民族的顽强的生命力和强大的凝聚力，成为中华民族赖以生存和发展的精神支撑。

第二，英雄精神是激励中华民族奋勇向前的强大力量。在“艰苦奋斗”方阵中，石油工人王进喜，掏粪工人时传祥等劳动模范的雕塑屹立在彩车之上。他们让一穷二白的中国在艰难中拼搏成长，他们用辛勤的汗水换来了祖国的繁荣。在他们身上所蕴藏的奉献精神，同革命精神一样是我们实现中华民族伟大复兴的宝贵财富。这种精神财富不仅激励了全国人民的革命斗志，鼓舞了民族士气，更是提高政治认同、推动社会整合的强大力量。

（2）不忘历史才能开创未来

只有正确认识历史，才能更好地开创未来。历史，沉淀着一个政党从弱小到强大、从初创到成熟的不变初心，记载着一个民族继往开来的光辉岁月。我们接受历史的洗礼，可以找寻价值引领，不断汲取向前发展的精神力量。庆祝中华人民共和国成立 70 周年群众游行，不仅是一次庆祝活动，更是中国人民 70 年奋斗历程的缩影，通过“建国创业”“改革开放”“伟大复兴”三个篇章，展现了中华民族从站起来、富起来到强起来的伟大飞跃。

第一，“建国创业”雄鸡晓。“建国创业”篇章由“开天辟地、浴血奋战、建国伟业、当家作主、艰苦奋斗”五方阵组成，在情境式行进“青春万岁”中结束。展现了从中国共产党团结带领人民进行新民主主义革命，建立新中国以及努力探索社会主义建设道路的艰苦历程。

第二，“改革开放”谱新篇。“改革开放”篇章由关键抉择、希望田野、春潮滚滚、与时俱进、“一国两制”、跨越世纪、科学发展、众志成城、圆梦奥运九个方阵组成，在情境式行进“东方雄狮”中结束。展现了中国共产党团结带领人民进行改革开放新的伟大革命，破除阻碍国家和民族发展的一切思想和体制障碍，开辟中国特色社会主义道路的历史新篇章。

第三，“伟大复兴”展宏图。“伟大复兴”篇章由十八个方阵组成，在情境式行进“同心追梦”中落下帷幕。展现了中国共产党在新的历史条件下团结各族人民，齐心协力继续夺取中国特色社会主义伟大胜利，决胜全面建成小康社会，进而全面建设社会主义现代化强国的宏图伟略。

通过以上三个篇章的展示，中华人民共和国成立后所取得的历史性成就和历史性变化再一次生动地展现在全国人民面前。这不仅是对于国民的一种激励，更有利于提升国家自豪感，增进国家认同。

2. 坚定信念，激发前进动力

（1）理想信念是前进的动力

什么是理想信念？理想信念是人类特有的精神现象，其中理想指引方向，信念决定成败。正确的理想信念能够激励我们为实现社会理想和精神追求而不懈努力。习近平总书记在十八届中共中央政治局第一次集体学习时讲话指出：“理想信念就是共产党人精神上的‘钙’，没有理想信念，理想信念不坚定，精神上就会‘缺钙’，就会得‘软骨病’。”在人的精神世界里，理想信念作为一种“钙”，左右着人们的灵魂，激发着人们的斗志，指导着人们的行动。而庆祝中华人民共和国成立70周年的庆祝活动，就是坚定广大群众理想信念的重要事件。

在庆祝中华人民共和国成立70周年群众游行任务中，北中医师生加入“从严治党”方阵，这也是36个群众游行方阵中唯一一个全部由共产党员组成的方阵。这个方阵的队员，不仅有在校师生，还有全国优秀党务工作者和全国先进基层党组织代表。北京中医药大学师生备战庆祝中华人民共和国成立70周年群众游行时，时值酷暑，烈日当头，代表北中医人走上神州第一街的信念成为参训师生完成训练的精神支柱。随着训练进入疲劳期，许多队员都出现了伤病和不适，但他们却为了集体的荣誉，化伤病为力量。“不给队伍拖后腿，再难受我也得训练”，一中队穆杰说道。他在8月训练伊始生病，体温一度达到38℃。在查明病因不具有传染性后，他深知自己身上的责任，更知队伍空缺于集体合练造成的影响，于是他仍然带病参与训练，在休息时间积极进行治疗，从始至终没喊过一次累。

这样的队员还有很多很多：如高胤桐、王谦等许多身体虚弱的队员，在接连潮湿闷热的天气中出现了腹泻、头晕等不适，每次训练间歇常常需要去卫生间缓解不适，但他们仍坚持在规定时间内热情高涨而认真地完成训练任务；平日里较少锻炼和疲劳后放松不足的生活状态，让同志们吃尽了苦头，多日行走跑步的疲惫，以及长距离拉练后的不适应，让阚菲菲出现了腰腿疼痛；程爽对紫外线过敏，她蒙着厚厚的面巾，也在炎热的队列中展现着自己的坚持；江澜、许智等队员在十公里拉练中磨破了脚后跟，尽管疼痛，但在处理好伤口后，仍第一时间归队继续前进，不曾因疼痛停下步伐……

是什么原因激励他们绝不放弃，即使身体不适也要完成各项训练任务？是那份崇高的理想信念，再具体一些，就是那份为祖庆祝中华人民共和国成立70周年的美好心愿，是对同心共筑中国梦的美好愿景，更是对中国共产党领导下的美好中国的无限热爱。这就是理想信念带来的强大力量。

（2）用理想定位人生目标

庆祝中华人民共和国成立70周年活动不仅是给广大人民群众上了一堂生动的爱国课，同时也是对所有参与活动群众理想信念的一次重大考验。

群众游行圆满成功的背后，共有来自高校、社区、企业和社会各界组成的16万志愿者团队默默为庆典保驾护航。庆典当天，身着蓝白相间服装的志愿者们前一天夜里就来参与活动的各类服务工作，到庆典当天活动结束，他们连续工作了36小时。天安门广场上的红灯笼、游行队员道具的分发，放飞现场的和平鸽……这些背后的工作都是由志愿者来完成的。在广场东侧守护红灯笼的郭晰哲今年20岁，他的任务是在庆祝大会开始后，和其他4个队员全程握住5根绳子，保持红灯笼的稳定。此外，他们还需要配合模拟器进行训练，确保在3～5分钟内把30公斤的灯笼摇上23米，同时练习1分钟完成紧急迫降，“每次摇下来，胳膊就酸胀得抬不起来”，然而，即使这样辛苦，也并不是每一个参与者都能如愿以偿走上神州第一街。在参与到庆祝中华人民共和国成立70周年游行任务的人们中，除了正式队员，还有替补队员、幕后工作者和广大志愿者……从一开始他们可能便清楚无法走上长安街接受检阅，但他们仍坚守在自己的岗位上。正是“祖国荣誉高于一切”的信念让他们把自己的理想置于国家和民族的事业中，在“小我”与“大我”的有机融合中，经受住了考验，并逐渐在自己的岗位上找寻到了属于自己的价值与意义，为庆祝中华人民共和国成立 70 年奉献出别样的精彩。

（二）庆祝中华人民共和国成立 70 周年大典升华精神

不同于阅兵式的威武雄壮，由 10 万人民群众、70 组彩车组成的 36 个游行方阵和 3 个情景式行进演出组成的群众游行队伍为世界展现出自由、生动、欢愉、活泼的新时代中国人民精神风貌，形成了中国人民和中华民族 70 周年的壮美奋斗场景，同时也彰显出中华民族深厚的民族精神。

1. 在筹备工作中彰显伟大创造精神

中华民族历来勤劳勇敢且富有创造精神。庆祝中华人民共和国成立 70 周年群众游行虽然只有短短的 65 分钟，但其内容结构紧凑，逻辑严谨，真实感人。从现场解说词到整体编排，从彩车制作到广场布景，从方阵训练到全要素演练，每一个环节都倾注了群众游行创作团队的心血，体现出广大群众的创造精神。

以彩车为例，在本次游行活动中，共有 70 组彩车，每一辆彩车都独一无二，寓意非凡。其中，“扬帆远航”彩车是所有彩车中最大、最高、最长也是最重的一辆彩车，车长 40 米、车高 13 米、车宽 12 米、车重 65 吨。作为一辆超大彩车，它承载了 13 亿中华儿女期盼民族复兴的伟大梦想。为了顺利让彩车“扬帆远航”，设计团队先后推翻了 30 多个方案，不断克服彩车行进过程中难以转弯和并线的问题，最终“扬帆远航”彩车成功在庆典当天乘风破浪，顺利起航。可以说，每一辆彩车都是科技的凝聚、文化的凝聚、思想的凝聚和情感的凝聚。

2. 在游行队伍中彰显伟大团结精神

“团结”是习近平同志在一系列庆祝中华人民共和国成立70周年活动讲话中出现最多的关键词。团结是铁，团结是钢，团结就是力量。团结是中国人民和中华民族战胜前进道路上一切风险挑战，不断从胜利走向新的胜利的重要保证。

参与70周年群众游行的10万名群众涵盖了各行各业，有农民、工人、学生、教师、医生，也有像外卖小哥、快递员等新时代新兴领域的代表，还有港澳台、海外侨胞和外国友好人士代表，此外还有广场舞大妈。游行的群众中，最大的66岁，最小的6岁，他们年龄不同，职业不同，地域不同，民族不同，但他们都为了同一件大事，同一个理想，心往一处想，劲往一处使，他们以自由欢愉的状态表达着内心的喜悦，共同呈现出一幅流动的盛世画卷。

这种团结协作的精神也成为北京中医药大学队员和工作人员的工作指南。他们之中有朝夕相处的同学，有授业解惑的教师，有与同学们亲密相处的辅导员，有来自附属临床医院的一线医生，还有负责宣传、保卫、医疗、后勤的工作人员。在庆祝中华人民共和国成立任务面前，他们上下一盘棋，训练队员克服疲惫，一丝不苟地完成各项训练、彩排任务，后勤工作人员全力以赴保障队员们的衣食住行；医疗团队总是在第一时间出现在伤员身边，安保人员时时刻刻守护在参训师生的身边，他们就像石榴籽一样紧紧抱在一起，为完成游行任务不懈努力。

一个国家、一个民族只有精诚团结，才能自立于世界，只要我们团结一心便能战胜艰难险阻，推动中华民族再创奇迹。

3. 在刻苦训练中彰显伟大奋斗精神

庆祝中华人民共和国成立 70 周年群众游行充分展现了全国上下共同奋斗的精神面貌。

在备战庆祝中华人民共和国成立 70 周年任务中，我们的老师和同学们，有人放弃了暑假出游、外出学习计划，有人即使身体不适也依旧带伤走上训练场，有人在处理完家事后立刻赶回学校。他们从不抱怨训练辛苦，从不计较个人得失，即使再辛苦也没有退出训练任务。在外出合练中，他们严守纪律，积极展现北中医人的风采。在训练场上他们从未留下一片垃圾，北中医的休憩区总是干净无暇。在祖国利益面前和学校荣誉面前，每一个平凡者的心中都有一份伟大的责任与担当。

在训练中，队员们从最基本的军姿、队列行进开始练习，同时还要完成体能训练、手部动作训练，最终实现中队合练、大队合练、方阵合练、分指合练。而分指合练通常都安排在深夜，大家往往需要在排练前一晚集合，直至第二天中午才能返程。这其中就包括了长时间的等待时间，队员们困了累了便席地而坐背靠背小憩，有的队员甚至因疲倦直接躺在了地上。但只要排练的口令响起，大家不论多么疲惫，都会迅速进入到排练状态。即使是成长在新时代的同学们，也没有一丝抱怨。因为，我们所在的方阵是“从严治党”方阵，我们的身份是共产党员，艰苦奋斗是共产党员应有的姿态。马克思主义学院教师程旺在出征仪式当天说道：“我们在火热的日头下暴晒过，我们也在寒凉的夜幕中煎熬过，确实很苦；但在精神上，我们很幸福，因为我们承担的是一项具有历史意义的庆祝活动，作为群众代表，能亲身为庆祝祖国华诞从长安街走过，这是一名党员的荣耀，也是一名普通群众的骄傲!”

4. 在民族新貌中彰显伟大梦想精神

经历了屈辱历史的中国人民，对实现民族复兴的中国梦有更加深厚的情感。群众游行这幅生动的画卷描绘了中华民族70年来发展变化的伟大成就，展现了中国人民同心共筑中国梦的精神状态。复兴号高铁、蛟龙号载人潜水器、C919大飞机……在群众游行中，一批大国重器的模型和元素集中亮相，这些科技领域的重大成果彰显出国人持续创造的能力，这是综合国力的集中展现，也是人民勇于追梦的直接体现。这些发明创造的背后，折射出的是中华民族不屈不挠的奋斗精神。一批批科技工作者为了早日实现民族复兴的伟大梦想，夜以继日地探索攻关，将自己的一生献给伟大的社会主义事业。一个手掌，摊开是“多个指头”，握紧是“一个拳头”。每个人的力量是有限的，但如果把每个人的力量聚集起来，那便会无比强大。庆祝中华人民共和国成立70周年当日，正是在各个游行方阵的精彩配合下，游行活动取得圆满成功，这彰显出国人集中力量办大事的优势，以及为共同梦想的实现不断奋斗的决心。

正如习近平总书记在庆祝改革开放40周年大会讲话时指出:“建成社会主义现代化强国，实现中华民族伟大复兴，是一场接力跑，我们要一棒接着一棒跑下去，每一代人都要为下一代人跑出一个好成绩。”相信在全国人民的努力下，中华民族伟大复兴的航船必将乘风破浪、扬帆远航。

（三）爱国情怀代代相传

爱国之情，自古有之。在中华民族5000多年绵延发展的历史长河中，爱国主义始终是激昂的主旋律，始终是激励我国各族人民自强不息的强大力量。王昌龄在《从军行七首·其四》中写下："黄沙百战穿金甲，不破楼兰终不还。"范仲淹留下"先天下之忧而忧，后天下之乐而乐"的千古绝句，林则徐在《赴戍登程口占示家人二首》中写下："苟利国家生死以，岂因祸福避趋之！"方志敏在《可爱的中国》中写下："我生存一天就要为中国呼喊一天。"可见，热爱祖国，是一个民族矢志不渝的情感，是中华民族和中华儿女永恒的价值观。

经历过内忧外患的中国人民，对于爱国有更加深刻的感悟。曾经，中国是一个一穷二白，封闭落后的国家，内无主权，外无民族独立，粮食短缺，民生困苦，甚至连铁钉、火柴都要依靠进口。经过70年一代又一代中国人民的砥砺奋进，我们的国家发生了翻天覆地的变化，一跃成为世界第二大经济体、第一大工业国、第一大货物贸易国和第一大外汇储备国。因此，我们更能够珍惜来之不易的和平与繁荣，我们更能够体会祖国在人民心中的地位。2018年5月2日，习近平总书记在北京大学师生座谈会上的讲话中指出："爱国，是人世间最深层、最持久的情感，是一个人立德之源、立功之本。"那么，什么是爱国？我们应该如何爱国？激情飞扬的庆祝中华人民共和国成立70周年群众游行活动为我们做了解答，这次游行是对祖国大好河山的告白，是对自己骨肉同胞的告白，也是对祖国灿烂文化的告白。

1. 爱国就是爱祖国的大好河山

(1) 爱祖国的每一寸土地

一方水土养一方人。祖国的山山水水滋养哺育着她的子子孙孙，祖国的灿烂文化都浓缩在每一片土地上，每一片土地都是民族发展和进步的基本载体。庆祝中华人民共和国成立70周年群众游行中的彩车方阵中有一支代表34个省（直辖市、自治区）的车队，他们将本区域的自然风格和区域特色完美地展示在每辆彩车上，突出展现当地的风土人情、山河之美以及区域特色，直观地向我们展示了祖国的大好河山和各地区的发展成就，让我们心潮澎湃。

“逐梦兴川”四川彩车汇聚了熊猫、“四水泽川”的江流、灾后重建的藏羌彝汉天府新民居等四川特有的自然风光，同时还包括了中欧班列——蓉欧快铁、新能源页岩气开发、核电技术华龙一号、电子信息墙等现代工业成就，向国人展示了四川人民拥抱世界、放眼未来的精神风貌和天府之国的富饶美丽，充分体现了四川举世瞩目的经济发展和高精尖的科技水平。

“奋进上海”彩车及上面所载的建筑采用了3D打印技术，车体内形象展示了中共一大会址、C919大飞机、东方明珠、上海中心等富含上海特色的标志物。上海是中国共产党的诞生地，承载着中华民族的红色基因，上海又是改革开放的前沿，走在发展的最前端。这两大因素在当前形成鲜明对比，交相呼应，构成了富有海派文化特色的上海风貌。

江西，不仅是星火燎原的革命圣地，同时还孕育了享誉古今中外的书院文化、陶瓷文化、宗教文化和客家文化。“金色赣鄱”江西彩车将景德镇青花瓷元素融入车体中，同时巨大的井冈山造型立体显示屏循环播放“江西故事”的感人视频，带领我们回忆革命老区筚路蓝缕，艰苦奋斗的历程，凸显了浓郁的江西特色和江西辨识度。

一枝一叶总关情。在各地的彩车中，祖国的大好河山呈现在我们面前，其鲜明的民族特色、精彩的集中展示、独特的价值理念让我们感受到国家的壮美与强大。祖国的山川大地，一草一木，一花一石，一砖一瓦都值得我们热爱，它们承载着中华民族悠久的历史，积淀着深厚的文化，浓缩了前人的智慧，汇成一股坚不可摧的中华力量。

（2）人与自然和谐共生

装点此关山，今朝更好看。经过 70 年的发展，人民生活从短缺走向充裕，从贫困走向小康，同时生态文明也进入了快车道，人民逐渐将生活需求从“盼温饱”转向了“盼环保”。生态兴则文明兴，生态衰则文明衰。不可否认，在经济建设的过程中，我们曾忽略了人与自然的关系，我国部分地区的生态环境问题日益严重。但随着绿色发展理念不断深入人心，我们对环境问题的认识更加深刻。2013 年 9 月 7 日，习近平同志在哈萨克斯坦纳扎尔巴耶夫大学的演讲中指出：“我们既要绿水青山，也要金山银山。宁要绿水青山，不要金山银山，而且绿水青山就是金山银山。”党的十八大以来，以习近平同志为核心的党中央把建设美丽中国摆在前所未有的高度，把生态文明建设纳入中国特色社会主义“五位一体”总体布局，生态文明建设功在当代，利在千秋。

在庆祝中华人民共和国成立 70 周年群众游行中，具有新时代精神的“绿水青山”方阵惊艳亮相庆祝中华人民共和国成立盛典。绿水青山彩车共有 3 辆，每辆车的底座颜色不同。

三辆车像是一个时间轴上的不同节点，为人们动态展示了我国生态文明发展的历程。据设计者马浚诚介绍，代表“过去”的彩车底座为黄色，“它代表了过去对荒山的治理”；中间的主车代表“现在”，它的底座为绿色，象征着荒山治理已经取得了一定成效，展现出我国当前正在进行的生态文明建设；代表着“未来”的彩车，从上到下都是清新的嫩绿色，表现美好的未来将是一片绿水青山的景象，这个颜色也代表着春天和希望。对于“水”的设计也尤为独特。它由游行队伍组成，队员们身着黄色、绿色的队服，手拿着绿叶道具，共同构成一幅美丽的“画卷”，方阵中不断舞动的中华鲟、白海豚、禽鸟，通过彩车与游行方阵的配合，即使没有解说词，也足以让观众理解绿水青山的奥妙。

70 年来，我们一直为美丽中国不懈努力。在腾格里沙漠南缘甘肃省的八步沙林场流传着一个感人的故事，讲述了六老汉誓用白发换绿洲的事迹，他们不但把自己“埋”进了沙漠，还以身作则给自己的孩子树立了榜样，以至于子承父志、世代相守，把这片荒凉之地变为绿色家园。习近平总书记在 2019 年 8 月 21 日来到甘肃省古浪县八步沙林场考察时，深情地说道：“我们要实现从富起来到强起来，就要把生态文明建设当作大事来抓，建设美丽中国。当前，生态文明观念日益深入人心，要继续发扬‘六老汉’的当代愚公精神，再接再厉，再立新功，久久为功，让绿色的长城坚不可摧。”

绿水青山是可持续发展的基础，坚守住祖国的绿水青山，便是守住了迈向幸福生活的金山银山，传承好绿色发展的文化传统，便是守住了让无数人魂牵梦系的精神居所。让我们携起手来，共同建设好美丽中国。

（3）维护祖国的领土完整

“你可知 Macau，不是我真姓，我离开你太久了母亲，但是他们掳去的是我的肉体，你依然保管我内心的灵魂……”20 年前，一首耳熟能详的《七子之歌 · 澳门》道出了澳门同胞渴望回到祖国母亲怀抱的强烈情感。尤其是血浓于水的亲情对于中华民族尤为重要。祖国主权与领土完整神圣不容侵犯，维护祖国的领土完整，是我们义不容辞的责任。

在 70 周年群众游行中，香港、澳门、台湾的三辆彩车驶过天安门广场，共同为祖国庆祝生日。

以“香港，进”为主题的香港彩车率先登场，其造型仿若一艘巨轮，船体中绘有一条游龙，寓意亚洲四小龙之香港不断披荆斩棘。香港自 1997 年回归祖国以来，“一国两制”“港人治港”，高度自治方针收到明显成效，香港融入祖国发展大局中，得到持续稳定的繁荣和长足的发展。

以“莲花绽放”为主题的澳门彩车展示了地标性建筑——大三巴牌坊、本地学府澳门大学、非物质文化遗产“舞醉龙”、本土戏剧等，这些澳门元素彰显了澳门回归祖国后令人惊叹的成就，其在党的领导下，未来将朝着“世界旅游休闲中心”“中葡商贸合作服务平台”等目标不断奋进。

“以两岸一家亲，同筑中国梦”为主题的“宝岛台湾”彩车，将台湾的主要标志性元素玉山、阿里山、蝴蝶兰等元素融合在一起，刻画了祖国宝岛的自然和人文风貌。彩车上最引人注目的巨大圆形 LED 屏象征一轮明月，刻画出“同为一家人，共饮长江水”的美好愿景。

祖国的领土完整涉及国家的重大核心利益。每一个爱国者都会把“保我国土”“爱我家乡”维护祖国领土完整和统一，作为自己的神圣使命和义不容辞的责任。

2019 年，香港发生了暴力乱港事件，暴力分子走上香港街头，他们破坏道路交通设施，侮辱国旗国徽，围攻警车、警察，甚至还围殴普通行人。这些人的目的很明确，就是要分裂祖国。2019 年 7 月 30 日晚，香港葵涌警署遭到大批激进示威者围堵，场面混乱。46 岁的刘泽基为了保护自己和同事，无奈举枪。这一幕的照片被放上网后，很快让他为海内外网民所熟悉，并被亲切地称为“光头刘 Sir”。由于受到暴力分子的攻击，他身负重伤，但他的一番话更感动人心：“香港警察有能力处理这些暴徒，只恨他们也是中国人，打不是，不打也不是！真的很心痛！”这位香港警察应邀出席了庆祝中华人民共和国成立 70 周年大会，在“一国两制”方阵的彩车上，他激动地挥舞着国旗，让我们看到了一颗香港警察的爱国之心。

“禾苗离土即死，国家无土难存”，在 2020 年新年贺词中，习近平总书记深刻揭示了爱国主义精神的时代意义，“爱国主义情感让我们热泪盈眶，爱国主义精神构筑起民族的脊梁”。今天的爱国，意味着我们要爱护祖国的大江大河，森林草原，更要守护每一寸土地。

2. 爱自己的骨肉同胞

古往今来，“情”字在中国人的心中一直占有重要的一席之地，“慈母手中线，游子身上衣”，这是亲人之情；“海内存知己，天涯若比邻”，这是朋友之情；“在天愿作比翼鸟，在地愿为连理枝”，这是爱人之情。在众多情感中，骨肉同胞之情尤为重要。什么是骨肉同胞？从狭义角度说，骨肉同胞指代的是有血缘关系的兄弟姐妹；从广义角度说，骨肉同胞指代身上流淌着中华民族的血液的中华儿女，他们都是中华大家庭的成员，有共同的根、共同的魂。在砥砺奋进的征途中，伟大的祖国之所以能够创造一个又一个奇迹，离不开每一个有情有义、胸怀天下的中华儿女，他们勤劳、勇敢、善良，他们爱自己的骨肉同胞，他们对人民群众有深厚的感情，始终紧紧地同人民群众站在一起。历史证明，所有的爱国者都热爱自己的人民，自己的骨肉同胞。

（1）华侨华人情系故土

庆祝中华人民共和国成立 70 周年群众游行的队伍中，由各界群众、学校师生、新的社会阶层人士及海外侨胞组成的第 31 号“中华儿女”方阵向全世界诉说着中华民族的骨肉同胞之情。和方阵共行的“鲲鹏彩车”是全部彩车中最宽的彩车，也是各省、直辖市、自治区和特别行政区彩车的头车。它以巨大的鲲鹏为主体形象，鲲鹏造型的翅膀扇形打开，形成鲲鹏展翅的形态，象征着中华民族生生不息、扶摇直上的腾飞气势。展示着全国各地各族人民和海内外中华儿女共担民族大义，顺应历史大势，齐心协力走向中华民族伟大复兴的豪迈情怀和必胜信念。在方阵中，包括了来自世界各地的海外华侨和归侨，为了完成这次祖国赋予他们的光荣任务，他们自费负担回国的旅费和在京训练的食宿费，很多人因为参加训练任务耽误了海外的工作甚至是大单生意，但他们毫无怨言。

广大海外侨胞是中华民族大家庭的成员，他们在中华民族的发展之路上具有不可替代的作用。《华侨华人研究报告（2019）》指出：“全球有 6000 多万华侨华人广泛分布在各大洲 160 多个国家和地区，华侨华人团体涉及贸易、科教和文化等领域，规模不断壮大，影响力日益扩大。”这些海外侨胞虽然离开祖国去海外发展，但他们始终心系祖国，尤其是在祖国遇到困难时，主动慷慨解囊，为祖国母亲贡献自己的力量，改革开放40年来，广大海外侨胞、港澳同胞向国内社会公益事业的捐赠累计已超过1000亿元人民币。他们是中国改革开放事业的参与者、贡献者与开拓者，更是中华民族实现伟大复兴的圆梦人。

（2）各族人民相互爱戴

在36个方阵中，有一个穿着尤为特别且艳丽的方阵，这便是“民族团结”方阵。在方阵的第一排，有56个身穿少数民族服装的学生，他们伴随着《同心共筑中国梦》的音乐，手拉手围成一个同心圆，仿佛在说“五十六个民族56支花，五十六族兄弟姐妹是一家”。

我国是一个多民族国家，每个民族都是中华民族大家庭的一员，各民族之间同呼吸，共命运。几千年的历史长河中，各民族通过迁徙、婚嫁等方式，不断加深融合的深度和交往的范围，共同形成了“你中有我，我中有你”的美好局面。2015年9月30日，习近平总书记会见基层民族团结优秀代表时强调，“各民族同胞要手足相亲、守望相助，共同维护民族团结、国家统一”。民族团结是发展进步的基石，近代以来，在国家屡遭侵略的危难之际，各民族人民奋起反抗，共赴国难。19世纪，新疆各族人民支持清朝军队消灭了中亚浩罕国阿古柏的入侵势力，挫败了英、俄侵略者企图分裂中国的阴谋。西藏军民在1888年的隆吐山战役和1904年的江孜战役中，重创英国侵略者。各民族对骨肉同胞的爱，反映的是对整个民族利益共同体的自觉认同。历史经验告诉我们，中华民族是一个命运共同体，各民族人民的命运紧密相连，我们要相互了解，相互尊重，相互包容，相互欣赏，相互学习，相互帮助，手拉手肩并肩，共同维护民族团结和国家统一。

3. 爱祖国的灿烂文化

文化是一个国家、一个民族的灵魂。中华人民共和国成立70年来，我们党始终代表中国先进文化的前进方向，坚定推进社会主义文化建设，走出了一条中国特色社会主义文化发展道路。那么，我们文化自信的底气从何而来？

（1）中华优秀传统文化是中华民族的突出优势

习近平总书记在十八届中央政治局第十三次集体学习时指出："博大精深的中华优秀传统文化是我们在世界文化激荡中站稳脚跟的根基。"在庆祝中华人民共和国成立70周年群众游行的队伍中，作为世界非物质文化遗产、寓意中国文化走向世界的古琴，极其古老、寓意国运升腾的笙和失传后再度崛起、寓意复兴的箜篌作为我国极具特色的乐器代表也出现在庆典活动中。可以说，每一件物品的背后，都承载着厚重的历史文化。同时，在中华民族发展过程中，中华优秀传统文化还蕴含了讲仁爱、重民本、守诚信、崇正义、尚和合、求大同的重要思想，是中华民族的精神命脉，是中华民族绵延不绝的"根"与"魂"。

面对前人留下的灿烂文化，我们重点要做好创新性发展，使传统文化与现代技术相融贯通。在庆祝中华人民共和国成立70周年群众游行中，"中华粮仓"黑龙江彩车将大庆油田抽油机这一元素融入彩车设计中。1959年9月26日，松基三井喜喷工业油流，勘探发现了大庆油田，随后掀起了气吞山河、波澜壮阔的石油大会战。以铁人王进喜为代表的老一辈石油人，艰苦奋斗，奋发图强，在突发井喷时，他带头跳进水泥浆池里用身体搅拌，彰显出“无难不克，为国分忧”的品质，这种品质是对中华优秀传统文化的继承和延续。

在领导中国特色社会主义文化建设的实践中，我们党不断深化对中华优秀传统文化的认识，以马克思主义为指导，不断创新发展优秀传统文化，不断赋予中华优秀传统文化崭新的时代内涵。

（2）核心价值观凝心聚魂

社会主义核心价值观是当代中国精神的集中体现，是对中华优秀传统文化的继承和发展。在当代中国，我们应坚守什么样的核心价值观？党的十八大首次从国家、社会、个人三个层面凝练出“三个倡导”，即：富强、民主、文明、和谐；自由、平等、公正、法制；爱国、敬业、诚信、友善。这 24 个字涵盖了社会生活的方方面面。党的十九大报告进一步指出：“社会主义核心价值观是当代中国精神的集中体现，凝结着全体人民共同的价值追求。”

在 70 周年庆典现场，全国道德模范代表受邀出席了现场观看庆祝中华人民共和国成立盛典。在他们之中，有保护了 128 人生命安全的“英雄机长”刘传健，有像钉子一样“钉”在建筑施工行业最前线的工程师陆建新；还有在车轮滚滚，电光火石间以血肉之躯挽回鲜活生命的普通铁路职工徐前凯……他们的英雄事迹和凡人善举是社会主义核心价值观的最美诠释，他们以实际行动诠释着“人民有信仰，国家有力量，民族有希望”，社会主义核心价值观日渐深入人心。

二、同心抗击疫情，彰显大国之治

（一）战胜疫情的制度优势

疫情暴发至今，全国上下同时间赛跑，同病毒抗争，可以说，这次疫情是新年伊始的又一次“大考”。面对这场“大考”，以习近平同志为核心的党中央高瞻远瞩、审时度势，在统一领导、统一指挥、统一行动的指引下，打响了疫情防控的人民战争总体战阻击战。中国共产党再次向世界发出了“中国声音”，向中国人民交出了满意答卷，再次彰显出中国共产党领导和中国特色社会主义制度的显著优势。

1. 党的领导是打赢防疫战的根本保证

党的十九大报告指出，“党是最高政治领导力量”，这一重要论断彰显了中国共产党高度的政治担当和政治自信。在此次疫情“大考”中，党的“领导力量”成为我们打赢防控战的根本保证。

中国共产党是中国特色社会主义事业的领导核心，而疫情发生后，习近平总书记则成为全党全军全国各族人民抗击疫情的“主心骨”，发挥了核心的核心作用。截止到 3 月 6 日，习近平总书记亲自部署、亲自指挥，先后主持召开了五次中央政治局常委会、一次中央政治局会议、两次专题会议、一次工作部署会议。从不同角度对做好疫情防控工作提出明确要求，把方向、定战略，时刻关注疫情防控工作进展。他还深入武汉、北京等基层一线看望抗疫一线的医务人员、社区工作者和科研人员，为广大一线工作者打赢这场重大战役送去了关心，增强了信心。

在社会主义制度框架下，中国共产党的集中统一领导能够保持政局的稳定性、连续性，一代人践行一代人的使命，一代人在上一代人的基础上不断前行、接续发展，这一中国特色就是我们的制度优势。正是凭借集中统一领导优势，党中央在关键时刻果断高效地做出重大决策，并使决策得到有效执行。2月23日，习近平总书记在统筹推进新冠肺炎疫情防控和经济社会发展工作部署会议上，提出了“及时制定疫情防控战略策略”等七点要求，明确了应该怎样做好疫情防控工作，从整体上定准方向、把握全局。为确保全国一盘棋思想贯彻落实，加强对疫情防控工作的“统一领导、统一指挥、统一行动”，党中央成立应对疫情工作领导小组，在中央政治局常务委员会领导下开展工作，由李克强总理亲自挂帅担任组长。与此同时，党中央派中央政治局委员、国务院副总理孙春兰坐阵湖北指挥抗击疫情工作，从大年初三以来，她在湖北亲自协调，先后28次考察调研工作，切实掌握疫情的最新动态。中国共产党是在用实际行动告诉武汉人民和全国人民，武汉不是孤岛，武汉不是孤军奋战，党中央、全国人民和武汉人民一直在一起。

1938年，毛泽东同志在党的六届六中全会上指出，政治路线确定以后，干部就是决定性因素。我们党的事业能够经久不衰、薪火相传，很大一部分原因就在于我们有大量的、数以万计的干部。选用什么样的干部关系到党的方针政策的贯彻执行。面对疫情，党中央明确了防控工作战略全局，明确了政治任务，这需要大量的，数以千计，数以万计的干部去执行、去落实。在这个过程中，有的干部因为协调有力、切实作为而得到“火线提拔”；有的干部却因不负责任、“一问三不知”而遭到撤职，这充分说明了我们党坚持党管人才、党管干部原则，坚持德才兼备的选人用人导向，确保“能者上、庸者下、劣者汰”。

2. 集中力量办大事的制度优势是我们打赢防疫战的重要法宝

对我们党来说，什么是大事？大事就是人民群众关心的事，就是关乎人民群众利益的事。就目前来看，这件大事就是打赢疫情防控阻击战。

第一，办大事有法宝可用。习近平总书记在《中共中央关于坚持和完善中国特色社会主义制度、推进国家治理体系和治理能力现代化若干重大问题的决定》中指出：“我们最大的优势是我国社会主义制度能够集中力量办大事。这是我们成就事业的重要法宝。”“法宝”一词，在党的文献中是很少出现且谨慎使用的，一般特指在成就革命、建设、改革事业中发挥重大作用的“工具”。而在此次的疫情防控工作中，“集中力量办大事”这一法宝可以说再次发挥了重大作用。

第二，办大事有聚力机制。一方有难，八方支援。疫情暴发后，全国各省份开始对口支援帮扶湖北。2 月 10 日，党中央、国务院做出决定，全国 19 个省份在做好本地防控的同时，加大对湖北省武汉市以外市州的对口支援。神州大地上，一支支精锐之师火速集结、迅疾驰援湖北。这种现象似曾相识，使我们想起了 2008 年汶川地震的灾后重建。这种“一省包一市”的做法就是集中力量办大事，社会主义制度优越性的生动体现。

第三，办大事有企业支持。强大的制造业是我国实体经济发展的优势。疫情发生后，我国 90 多家央企第一时间驰援武汉，为打赢这场防疫战提供了重要的战略物资。人民群众需要什么，企业就生产什么，这就是中国企业的力量。

第四，办大事有医疗底气。面对疫情，党中央一声令下，4 万多名医护人员奔赴前线。正如习近平总书记讲："医务人员是战胜疫情的中坚力量。"他们是最可爱的人，是最美的逆行者。他们深入疫情一线，留下了太多美丽的瞬间。他们的美不仅体现在专业的技术、精湛的医术上，还在于把乐观、积极、向上的心态带给一间间封闭的病房，让我们看到了生的希望。

第五，办大事有互帮互助。我们国家在此次抗击疫情中表现出来的"中国速度"和取得的积极成效，赢得了国际社会的广泛认同和大力赞扬。世界卫生组织总干事谭德塞说："中方行动速度之快、规模之大，世所罕见。这是中国制度的优势，有关经验值得其他国家借鉴，相信中国采取的措施将有效控制并最终战胜疫情。"联合国秘书长古特雷斯说："中国人民为尽量减少新冠肺炎疫情造成的负面影响，实施严格的防控措施，以牺牲正常生活的方式为全人类做出了贡献。"

就目前态势来看，疫情防控已经不是哪一个国家自己的事情了，而是演变成一场世界人民的抗疫战争。意大利、美国、伊朗、西班牙等国家均出现了大量病例，疫情在全球范围内蔓延。截至 3 月 16 日 05：30，中国境外累计确诊病例达到 81625 例，超过了中国现有的 80860 例。

在此情形下，中国充分发挥了大国的担当作用。当一位意大利小姑娘将象征中国的红色和五角星画在意大利的地图上时，我们惊奇地发现，中国已经展开了对其他国家的援助。比如中国四川省派出了医疗队飞赴意大利，并带去了防控物资。

也许大家对此不太理解，我们自己的疫情防控还没结束，为什么要去支援其他国家？其实，早在 2008 年汶川大地震时，意大利就曾派出顶级的专家团队来支援我们。此次支援意大利，充分体现了中华民族“投之以木桃，报之以琼瑶”的优良传统，也是我们国家倡导建设人类命运共同体的真实写照。面对疫情，我们是休戚相关的整体，只有共同合作才能打赢这场没有硝烟的战争。

3. 何以创造中国奇迹

在抗击疫情战斗中，相较于其他国家，为何中国动员能力如此之强？中国政党制度与西方政党制度究竟有何区别？为什么中国能再次创造奇迹？这需要把握以下几点。

首先，我们有一个最根本的优势：党的领导和社会主义制度。在党的领导下，我们可以做到步调一致，全国上下一盘棋，集中力量办大事。

其次，在社会主义制度框架下，中国共产党执政的理念是以人民为中心。党的十八届五中全会明确指出：要贯彻以人民为中心的思想。中国共产党的一切执政目标都是为了人民。疫情防控中，“把人民群众生命安全和身体健康放在第一位”，就是立党为公，执政为民，全心全意为人民服务的最真实体现。

第三，我们有新型的政党制度。西方两党制、多党制等政党制度容易造成社会的撕裂，取得政权的政党并不能代表全体人民的利益。而我国的政党制度——中国共产党领导的多党合作制，则能够在和而不同中完成“大合唱”，而不是西方激烈竞争式的“橄榄球赛”。中国共产党能画出一个同心圆，汇聚最大公约数。

第四，社会主义市场经济体制优势。改革开放以来，我们党在经济理论层面上的一个重大突破，就是将市场经济嵌入到社会主义制度当中，最终构建出社会主义市场经济的理论。在这种经济制度下，不仅可以发挥社会主义集中力量办大事的优势，而且可以发挥市场资源配置的最有效方式。试想一下，在这次抗疫过程中，如果没有社会主义制度托底，任由市场、资本自行运作，那我们的抗疫工作将步履维艰。

第五，我们有伟大、自律的人民。在这次抗击疫情战斗中，人民群众竟能改变传承几千年的春节走访习俗，并积极投身防控工作当中，可以说就是有了人民群众的参与，我们才有了打赢防疫战的底气。

面对此次的疫情，只要我们坚持党的领导和社会主义制度这一根本优势，发挥社会主义市场经济和新型政党制度优势，秉持始终走在时代前列、勇于自我革命的品质，坚持以人民为中心，发挥伟大自律的人民力量，战胜疫病只是时间问题，最终的胜利一定属于我们。正如习近平总书记所说："中华民族在历史上经历过很多磨难，但从来没有被压垮过，而是愈挫愈勇，不断在磨难中成长，在磨难中奋起。"一次次的"大考"，磨炼出的是中华民族特有的韧性、刚毅、果敢和自信。我们始终相信，"雄关漫道真如铁，而今迈步从头越"，我们一定能取得抗击疫情的全面胜利。

（二）防控疫情的人民力量

2015 年，习近平主席在颁发中国人民抗日战争胜利 70 周年纪念章仪式上说："一个有希望的民族不能没有英雄。"什么是英雄，谁是英雄？那时我们的答案，或许是那些记载在教科书里，被无数文艺作品传颂的革命先烈、突出人物。是的，他们无疑是英雄。但 2020 年，当我们面对一场突如其来、前所未有的疫情，当我们关注着疫情焦灼上升的确诊人数，从电视上、微博上、朋友圈里，甚至自己身边看到无数感人的时刻，感动流泪的时候，我们对“什么是英雄，谁是英雄”，或许会有一种新的认知，产生一个更准确的答案。

2020 年 3 月 24 日，国家主席习近平在与波兰总统杜达通电话时说：“战胜这次疫情，给我们力量和信心的是中国人民。人民才是真正的英雄。只要紧紧依靠人民，我们就一定能够战胜一切艰难险阻，实现中华民族伟大复兴。”人民是真正的英雄，可贵的人民给予我们力量和信心。那么，我们如何来认识这场疫情防控阻击战中的“人民群众”。

1. “人民群众”的英雄——最美逆行者们

人民群众，首先是“现实的个人”。现实的人及其活动，是社会历史存在和发展的前提。

我们再回头看过去许多年，可能会发现，这场疫情和对抗这场疫情的努力，是一段非凡的、影响巨大的历史。参与到这场疫情防控阻击战中，参与到这段历史中的人民群众，首先也是由一个个鲜活的个人组成的。

“最美逆行者”，当我们每每为这样的字眼泪目之时，是否想过，为什么会有“逆行者”？平心而论，他们难道钢筋铁骨、百毒不侵吗？他们不会和我们一样，有担忧，有恐惧，想停留在一个安全的地方保护自己吗？这里就有一个问题需要思考：逆行者是如何成为逆行者的？

我们先来看一个事例，主人公叫赫伟丽，是我校第一临床医学院（东直门医院）的一名医生。除夕那天晚上，19 点 22 分，医院的感染科群里，跳出一行通知：“关于支援武汉疫区的报名：完全自愿，医院综合选派。”19 点 23 分，也就是通知发出不到 1 分钟后，赫伟丽医生在群里回复报名：“生命所系，性命相托，职责所在。”

在做出决定的短短几十秒里，她想过什么呢？“给大儿子的除夕礼物没有到货，孩子可能有点失望；小儿子喜欢的红色衣服没有号码，换了另外的颜色。春节期间突然出差会不会让孩子哭闹不止？应该不会的，医生的孩子早就习惯了。父母呢？年龄大了情感总是有些脆弱，有些任性，好在他们性子平和，大度且明理。他们不会反对，可是即便是支持，也多少有些无奈吧。爱人是温柔敏感的男人。他学医出身，以他的认知，更能了解此行凶险，定是一千一万个不愿意，但以他的认知，也更能体会作为医者的悲悯和责任吧”。就这样，她奔赴武汉，在抗疫前线整整战斗了 59 天。是什么能让一个人在短短几十秒做出一个关乎安危甚至是生死的决定？赫伟丽说，因为“职责所在”。

“我是医生，我应该去”，正是这一句“应该”，他们按下红手印，请战出发，奔赴前线。让我们注意“应该”这个词。这种可能关乎生死的时刻，这个词尤其宝贵。

什么是“应该”？它是“某物应该成为的样子”，对于人来说，“应该”是一种价值层面的本质追求，“我应该成为什么样的人”，这是人对自身“理想本质”的价值目标和意义的追求。在这个时刻说出的一个“应该”，看似简单，其实一点也不简单，它是一种超乎寻常的自觉！而这才是人之为人的可贵之处。

马克思说：人应该“是自由自觉地活动”的人。人的生命活动应该是有意识的活动。所谓有意识就是指，人不仅把自然界当作自己的活动对象，人也把“自己生命活动本身变成自己意志的和自己意识的对象”。人与动物不同，“动物和自己的生命活动是直接同一的，动物不把自己同自己的生命活动区分开来，它就是自己的生命活动”。而人则总是不断思考自己生命活动的性质、意义，因而能够进行比较、选择，使自己的生命活动具有目的性。动物的生命活动不具有目的性，一切全凭自发的本能。人有意识的生命活动则超越了本能。

面对疾病、死亡和未知，我们都会恐惧，这是本能，这是“人之常情”。而“最美逆行者”的“大爱”“大美”正是在于对“人之常情”本能的超越。所以我们说，“没有生而英勇，只是选择无畏”。

但人本质的价值目标和意义、目的，又不仅只是一种理想的“应该”，“自由的有意识的活动”的本质是人的实践活动，人的生命活动就是人的生产活动和实践活动。“大爱”“大美”更要落到现实世界里。人只有在实践中自由自主地践行居于价值目标的“应该”，用自己的智慧、能力、善良和实践来努力工作，才有可能使人的“理想本质”从“可能”走向“现实”；人只有在实践中彻底摆脱自发和盲目，理性地对待环境和工作，才能真正走出动物式的本能王国，进入真正的人的世界。

人的世界是现实性的世界。只有在“现实性”上，人才能真正实现自己的本质。马克思指出：“人的本质不是单个人所固有的抽象物，在其现实性上，它是一切社会关系的总和。”在其现实性上，人的本质核心不再是“应该”，而是

“社会关系”。什么是社会关系？马克思说：“社会关系的含义是指，许多个人的共同活动。”因而它是我们所共同生存于其中的一个处所，是我们在社会中活动所发生和结成的诸种关系。社会关系犹如一张大网，我们通过自己多方面的活动布下相互交叉的经纬线，每个人的民族、国家、家庭、职业、教育、品格、组织等多重线条的交叉与重合，形成了自己独有的“总和”——这才是人本质的现实定位。人只有把握了自己的现实本质，才是真正地为自己的“无畏之选择”提供了真正强大的思想武器。

就此，我们再来看“我是医生，我应该去”这句话。全国的医护人员能够在第一时间发出“若有战，召必回，战必胜”的铮铮誓言，不正是在把握了自身作为“医生”担负着“救死扶伤”使命的本质，才有了这一个个平凡的“最美逆行者”吗？

其实“最美逆行者”并不是只有医护人员。还有疫情之下的快递小哥和外卖小哥。有一家外卖平台统计了武汉骑手在武汉封城后 76 天的大数据。封城期间，武汉骑手共配送 396 万单。其中接单最多的一个骑手总共跑了 3582 单，平均每天 53 单……封城期间他们收获了顾客 21.7 万次的留言感谢，自豪、骄傲、光荣，成为骑手们形容自己职业的关键词，80.2% 的骑手认为“通过疫情，骑手这个职业更受尊重了”。

这样的逆行者还有很多很多，比如医疗废物处置的工作人员、环卫工人、接送医护人员上下班的网约车司机等，他们都用自己的方式实现和彰显着自身的本质，他们为“最美逆行者”逆行。

人能突破自己的恐惧，为他人而做出完全不符合“经济计算”的牺牲。这样的人，是不是英雄？他们也许曾经平凡，但他们此刻无比伟大。可见，人的本质从来就不是固定不变的，而是不断变化发展的，随着时代的变更、实践活动的变化、价值观念的变化，人的本质也会发生变化。

马克思指出：人的现实本质，是他们本身历史的剧中人和剧作者所正在进行着的感性活动本身。人的本质不是先验的、固定的，不是既成的、永恒的，更不是非历史的东西，而是基于现实的人们自己在历史舞台上正在进行着的创造性的活动本身。”整个历史也无非是人类本性的不断改变而已。”就像快递小哥和外卖小哥们，在这个春天，用自己的坚守和行动重新定义了自身，发展了自身，也成为“最美的人”。

这样的个体、群体，还有无数，上面讲到的，仅仅是我关注到的部分人群，这样的人们，这样的事迹，我们还可以道出千千万万。而他们，正是“人民群众”。

2. 英雄的“人民群众”——群防群控

打赢疫情防控阻击战为什么可以打赢？为什么应该依靠人民群众？唯物史观讲：人民群众是历史的创造者。社会历史的发展过程虽然离不开个体人的活动，但整体的社会历史并非个体的历史的简单堆砌。因而，仅是个体的，还不能真正成其为人民的。人民还是一个集合的概念，是绝大多数。

马克思指出：“无论历史的结局如何，人们总是通过每一个人追求他自己的、自觉预期的目的来创造他们的历史，而这许多不同方向活动的愿望及其对外部世界的各种各样作用的合力，就是历史。”所以，没有什么是“生而伟大”的，普通的个人在合力作用下，才真正彰显出“平凡中的伟大”。这样的合力更使得这场疫情防控阻击战成为一场总体战。

疫情防控这场总体战需要的是整个社会形成合力，社会全体成员明确分工、协调运作。以北京为例，北京的朝阳群众、西城大妈、景山老街坊等网上有名的社区居民和志愿者群体力量纷纷参与其中。疫情防控中，北京共计组织140万人参与维护社会防控。这千千万万的普通社区工作者们，做着最基层的工作，有人说：这群社区干部，从来没有闲下来过，他们“非典”的时候入过户，禽流感的时候还抓过鸡，现在新冠肺炎来了，他们又日夜值守、奋战在群防群控第一线。他们是阻隔病毒的“守门人”，他们隔离不隔爱，不仅送物质温暖、还管心理疏导，正因为有了他们，才真正有效地筑牢了疫情防控的人民防线。

群防群控工作中还有一支最核心也最重要的战斗力量，其实就是宅在家中的我们。筑牢群防群控的人民防线，必须充分发挥群众的主体作用。几亿人待在家里，避免病毒扩散，才是真正的齐心协力。所以，这场疫情防控阻击战更是一场人民战争。需要全民参与方可取胜。共同体是人类生存的基本方式，人作为共同体的一员，只有理解自己的处境，扮演好自己的角色，履行好自己的责任，才有真正的山河无恙、疫散花开。

人人都是普通之人，但人人却都可做非凡之事。疫情面前，我们每个人都是一道活防线，也都可以成为“最美逆行者”。每个人以自觉积极的姿态，做好自己分内事：管理好自己的出行与卫生安全，不去人口密集场合，主动配合信息采集，做到帮忙不添乱，对自己负责、对他人负责，在保护好自己的前提下，再力所能及地去做一些事，就能汇集起抗疫的洪荒之力。

马克思主义最基本的观点之一，就是人民群众是社会历史的主体，是历史的创造者。习近平总书记之所以说“人民是真正的英雄”，实际上是站在时代和历史的高度，对人民群众在中国特色社会主义实践中的伟大创造作用和主体地位的高度总结和概括。

在这次的疫情防控阻击战中，我们更加真切地感受到了人民群众在创造历史中的决定性作用。“一切为了人民，一切依靠人民”这一制胜法宝，也在这次疫情防控中更深刻彰显了中国特色社会主义的优势所在，中国因人民而伟大。

“人民是真正的英雄”，这是以习近平总书记为核心的新时代中国共产党人的“人民观”的深刻体现。此次疫情防控阻击战中的“人民群众”用自己的实践活动深刻论证了人的本质的现实性、动态生成性和开放性。这样的“人民性”是现实的人们在历史舞台上正在进行着的创造性的合奏、合演和合唱。

在抗疫的实践活动中，中国人民仍然正在进行着更多的创造性的生成，不断展开自身、阐明自身、发展自身，为自身做出了新时代的英雄注脚。疫情今天已经演化成全球大流行病，中国人民也必将勇敢“面向世界”，定将与全世界人民“万众一心”守护“人类命运共同体”。

（三）生命至上的文化自信

作为最广大人民利益的忠实代表，中国共产党自成立之日起，就始终把维护人民利益，与人民群众紧密相连书写在自己的旗帜上，践行在初心使命中。

面对中华人民共和国成立以来传播速度最快、感染范围最广、防控难度最大的重大突发公共卫生事件，中国共产党“把人民群众生命安全和身体健康放在第一位”作为疫情防控的最高原则。早在 1 月 25 日习近平总书记就做出重要指示：各级党委和政府必须按照党中央决策全面动员、全面部署，全面加强工作，把人民群众生命安全和身体健康放在第一位，把疫情防控工作作为当前最重要的工作来抓。在 1 月 27 日，再次对各级党组织和广大党员干部做出重要指示：在当前防控新型冠状病毒肺炎的严峻斗争中，各级党组织和广大党员干部必须牢记人民利益高于一切，不忘初心、牢记使命。党中央成立了应对新型冠状病毒肺炎疫情工作领导小组，统一领导，统一指挥，分类指导各地做好疫情防控工作，各地区也成立了党政主要负责同志挂帅的领导小组。习近平同志关于疫情防控的重要讲话、重要指示精神和党中央的决策部署，为我们打赢疫情防控阻击战提供了科学指南和根本遵循。

为了保证最广大人民群众的身体健康和生命安全，中国按下了经济暂停键，及时做出了牺牲经济让路于抗击疫情、力保人民生命健康的抗疫决策，采取了封城、延迟开工开学等果断措施。中国不遗漏一个感染者，不放弃一个患者，从初生婴儿到百岁老人，无差别、不计代价抢救每一位患者的生命，费用全部由国家承担。这与其他一些国家疫情失控的局面形成了鲜明的对比，其原因就在于我们牢牢坚持人民至上、生命至上的理念。在人民至上、生命至上理念指引之下，全国上下一盘棋，心往一处想、劲往一处使，构筑起了一条齐心协力、众志成城的严密防线，形成了新时代抗击疫情的磅礴伟力。

广大党员干部挺身而出、冲锋在前，真正发挥了先锋模范带头作用。一个个战斗堡垒坚强挺立，一名名共产党员挺身而出，鲜红的党旗始终高高飘扬在疫情斗争第一线；一句句动人的话语，“一线岗位全部换上党员，没有讨价还价！”“共产党员上，给我做出自己的样子来”，广大党员始终冲在疫情防控第一线；一张张捐款清单，几十、几百、几千，据不完全统计，截至3月底，全国已有7901万多名党员自愿捐款82.6亿元，充分展现了新时代共产党员在危难时刻的责任担当。在这场没有硝烟的战“疫”中，正是广大党员干事有“样子”，人民群众心里才有了“底子”，他们不忘初心、牢记使命，始终奋斗在疫情防控一线，扛起了党员的使命担当、践行了入党铮铮誓言。

中国共产党是工人阶级的先锋队，工人阶级是党最可信赖的力量。疫情发生后，火神山、雷神山医院，从选址到论证、从通电通水通网到各种医疗器械的安装，仅用10天就完成了。就此，美国有线电视新闻网（CNN）报道称：“火神山医院能在十日内建成，离不开数千名工人和无数台机器在两个新医院工地上不停歇的工作。”新加坡《联合早报》发表文章称：“逾4000工人连续10个昼夜，在相当于7个足球场的工地上昼夜赶工。这一切只用10天完成，考验的不仅是建筑技术，更是危难当前中国人民的韧性与凝聚力。”这种“中国速度”是广大工人夜以继日、争分夺秒的结果。他们加班加点，有的人甚至不要1分钱，义务劳动。他们虽然是最普通的工人，却在进行着伟大的“事业”，他们平凡而伟大，或许他们文化水平不高，但他们用自己的行动诠释了“苟利国家生死以，岂因福祸避趋之”。

每当出现大的自然灾害时，我们的人民解放军总是冲在最前线。1998年特大洪水、2003年汶川大地震，都让我们看到了人民解放军的力量，这次也不例外，因为这支钢铁之师招之能来，来之能战，战之能胜。除夕之夜，党中央一声令下，广大人民解放军听党指挥，奔赴抗疫前线，生动诠释了什么是“疫情就是命令”，什么是“生命重于泰山”。据统计，疫情发生以来，全军定点收治病患 4450 例；先后派 4000 多名医护人员驰援武汉，1 万多名军医投入一线治疗。这支钢铁之师发挥了坚强的柱石作用，真正体现了什么是人民军队为人民。历史和现实反复证明，人民军队是我们强起来的坚强后盾。

世界上没有哪一个国家像中国这样，在疫情面前全力以赴、不计代价地抢救人民的生命、维护人民的健康。从人民解放军到各医疗单位，全国医护人员奔赴前线；全国医疗物资、生活物资、建设物资源源不断汇入湖北，完美地支撑起中国速度；从出生婴儿到百岁老人，对每一位患者全力施救、绝无犹豫。作为一个人口数量居世界第一的发展中国家，面对的是突如其来的未知病毒，但却用最短的时间控制住病毒的蔓延，死亡病例数远远低于发达国家，创造了世界奇迹，中国对疫情的有效控制为全世界抗击疫情做出了巨大贡献。这是根植于中华民族血脉中的人民至上、生命至上的文化精髓产生的巨大力量，是中国共产党全心全意为人民服务的生动写照。

正如习近平总书记所指出：“中国共产党根基在人民，血脉在人民。坚持以人民为中心的发展思想，无论面临多大挑战和压力，无论付出多大牺牲和代价，这一点都始终不渝、毫不动摇。人民至上、生命至上，保护人民生命安全和身体健康，我们可以不惜一切代价。”

（四）疗效显著的专业自强

2019 年 12 月以来新型冠状病毒疫情来势凶猛，蔓延全国。面对新型冠状病毒的肆虐，中医药第一时间、全程参与疫情抗击，充分彰显了中华民族的文化自觉和自信。这一次抗疫过程中，中医的参与度、贡献度可以这么高，其中最重要的原因就是党中央重视，习总书记在新冠病毒疫情初起的时候就明确指示要坚持中西医并重，坚持中西结合，打赢疫情阻击战。他在多次调研中都提出这个问题。从党中央、国务院，到卫健委、国家中医药管理局，一直到各地方政府、各医疗单位，都在坚定不移地执行习总书记的指示。2 月 21 日，北京中医药大学专家与湖北前线医疗专家合力编写的面向一线临床医生的《新型冠状病毒肺炎中医诊疗手册》由中国中医药出版社正式出版，系统提出了中医药应用于临床抗击新冠病毒的思路与方法。既吸收了明清以来温病学抗疫理论，结合了 2003 年抗击“非典”的经验，又融汇了中西医学，在以中医思维为核心、病症结合为主线的基础上，借鉴了临床流行病学、重症医学及现代药理研究的成果。下面我们就从两个具体案例来了解一下中医在应对新冠肺炎疫情中起到了什么样的作用，中西结合治疗有哪些特色，她们后来的转归以及中医所说的病因病机传变的关系。

第一个病例是一名 56 岁的女性患者，2020 年 1 月因“发热 6 天”住院治疗。该患者长期居住武汉，春节前由武汉返回河北，根据其流行病学史、发热症状、白细胞和淋巴细胞降低，这是新冠肺炎中非常重要的两个表现，淋巴细胞比例低、绝对值低，这都是免疫受伤的一种反应，以及典型的影像学改

变，入院诊断为新型冠状病毒肺炎疑似病例，给予α-干扰素，洛匹那韦/利托那韦、胸腺法新等药物治疗。1月29日初诊时患者面色暗黄，言语清晰，对答正常，呼吸平稳。自述恶寒，伴有胸闷不舒症状，并且纳差，舌质红，中间还有裂纹，舌苔中部和根部腻。对患者辨证论治，故治法以外疏风寒，内化湿滞，少佐清热。处方用十神汤。患者服用该方两剂，体温降至正常，恶寒及后背酸痛消失。但是自感腹胀，纳差，舌质红，苔腻略黄，脉浮滑，这是服用该方后表邪外透，湿滞内存，已经化热的象征，前方加黄芩10g，连翘20g续服两剂，每日1剂，分3次，至2月1日吃完2剂药之后，患者体温正常。2月3日四诊，诸症若失，但舌黄未退，仍以前方治疗。2月7日五诊，症状几近消除。咽拭子新型冠状病毒肺炎核酸检测仍显示阳性，但CT的影像显示双肺炎性病变较1月29日明显减少，白细胞和淋巴细胞计数已恢复正常，还有点苔腻，加藿香、佩兰各10g，2月13日达到出院标准，16日出院。这个患者的治疗过程彰显了中医治疗的优势。

第二个病例是一名52岁女性患者，2020年1月因“发热”住院治疗。此患者与案例一确诊的患者有密切接触史，入院的时候CT显示，右下肺边缘处淡片状影，入院后给予α-干扰素、洛匹那韦/利托那韦、胸腺法新等药物治疗。本案为第1例病者所传染，晚1天入院，就诊时的症状比较轻，初诊为疫病的初期寒湿郁肺，采用第4版诊疗方案的推荐方，患者服药后曾一度热退，腹满减，但是舌苔仍显白腻湿滑之象，提示内湿仍重，考虑用药过于温燥，恐有化热之弊，二诊遂调整处方，用清热淡渗、理气消导之品治之。药后，患者仍低热不退，腹胀恶心，舌苔变化特别明显，垢腻，白腻而厚，状如积

粉，提示阳气受损，湿邪更盛。三诊时去掉黄芩、连翘，加入茵陈、白蔻仁、土茯苓，药后症状明显改善，2 日后体温正常，恶心止，腹胀减，尤其重要的是，原苔如积粉之舌已退净八成，原有之淡暗瘀滞之舌质变为淡红活润，此为湿浊已化，阳气渐通，而且血气活润之证，为病情向愈之佳象，但此时 CT 显示左肺磨玻璃影较前加重，这是影像学滞后于临床症状改善之后的一个现象，然后加重祛湿的药，通阳的药，桂枝 10g，可能有人说为什么肺炎还用通阳的药？中医讲究辨证论治，不能够因为炎症就用一些凉药，有的时候用一些通阳的药有可能使炎症消失，而我们用一些太凉的药，反而会使炎症加重，我们还是要坚持中医辨证论治的原则，通过增强祛湿清热之力后，过一段时间患者就痊愈出院了。

通过以上两个病例我们可以看到，在此次抗击新冠肺炎疫情的过程中，中医药具有很好的疗效。也更好地印证了坚持中西医结合，发挥中医药作用是我国医疗体系的特色与优势。中医药再一次用实实在在的临床疗效向世人展示了其独特的时代价值。

中医药有着博大精深的理论体系、历史悠久的临床实践，在历史长河中一直护佑着中华民族的繁衍昌盛。新时代的中医药人，更应坚定地将传承精华、守正创新的使命扛在肩上，做中医药事业的传承者，继承和发扬好中医药学术，传播和推广好中医药文化，让中医药这一瑰宝在传承中创新、在创新中发展。

后　记

2019年满怀激情参加庆祝中华人民共和国成立大典和2020年全力奋战抗击疫情是北中医人六十四年来担当使命、丹心报国、奉献社会的缩影，全体师生在亲身参与中经受洗礼，在重大事件中接受检验，这是对青年学子开展思想政治教育的鲜活素材。

在校党委的统一部署下，学校党委宣传部、学生工作部、研究生工作部、教师工作部、团委和马克思主义学院通力合作编写了本书。用文字和图片记录下这段隽永的岁月，回顾在这段不平凡岁月中那些北中医人的故事和身影，阐述北中医人的家国情怀和我们的所思所想。希望能够为读者带来一段段感人故事的同时，让读者有所感悟，有所思考。

由于编写人员水平所限，更由于所描述的事件过于恢宏，本书对事件片段的记录、感人故事的选编难免有所疏漏，内容也可能存在不当之处，敬请读者批评指正。

本书编委会
2020年8月